中华传统美德百字经

志·励志自强

于永玉 华志攀◎编

U0095504

一段历史之所以流传千古，是由于它蕴涵着不朽的精神；一段佳话之所以人所共知，是因为它充满了人性的光辉。感悟中华传统美德，获得智慧的启迪和温暖心灵的感动；品味中华美德故事，点燃心灵之光，照亮人生之路。

天津人民出版社

图书在版编目（CIP）数据

志：励志自强 / 于永玉，华志攀编 . —天津：天津
人民出版社，2012.3

（巅峰阅读文库. 中华传统美德百字经）

ISBN 978-7-201-07507-5

Ⅰ . ①志… Ⅱ . ①于… ②华… Ⅲ . ①品德教育－中
国－通俗读物 Ⅳ . ① D648-49

中国版本图书馆 CIP 数据核字 (2012) 第 058345 号

天津人民出版社出版

出版人：刘晓津

（天津市西康路 35 号 邮政编码：300051）

邮购部电话：（022）23332469

网址：http://www.tjrmcbs.com.cn

电子信箱：tjrmcbs@126.com

永清县晔盛亚胶印有限责任公司印刷 新华书店经销

2012 年 3 月第 1 版 2012 年 3 月第 1 次印刷

690×960 毫米 16 开本 10 印张 字数：100 千字

定价：19.80 元

中国是一个具有悠久历史和灿烂文化的文明古国，也是举世闻名的礼仪之邦。在历史的长河中，中华民族创造出了绚丽多彩的物质文化和精神文化，为人类的发展和进步做出了重要贡献。其中，中华民族的传统美德被大家代代传承。

那么，什么是传统美德？什么是中华民族的传统美德呢？通常来说，传统美德就是在自觉或习俗的道德规范中，一些被大多数人所接受并实际奉行的，而且在现代仍有着积极影响的那些美德。具体到中华民族传统美德，概括起来就是指中华民族优秀的民族品质、优良的民族精神、崇高的民族气节、高尚的民族情感以及良好的民族礼仪等，是中华民族在历史实践过程中积累而成的稳定的社会优秀道德因素，体现在人们生活的方方面面，涉及政治、经济、文化、意识等领域，并通过社会心理结构及其他物化媒介得以代代相传。

前 言

经过长期的历史沉淀，中华传统美德已融入到中华民族的思想意识和行为规范中，成为社会道德文化的遗传基因，成为整个中华民族文化的精神内涵，也是中华五千年文明史的精髓所在。继承和弘扬中华民族传统美德，可以振奋民族精神，增强民族自尊心、自信心、自豪感和凝聚力，使社会主义道德规范具有更丰富的内涵，让社会主义、集体主义、爱国主义思想等更加深入人心，成为社会主义文化的主旋律。同时，还可以更好地协调人际关系，促进社会主义市场经济的健康发展，形成有中国特色的、适应社会发展的价值观和伦理道德规范。

国民的思想道德状况，尤其是青少年的思想道德状况，直接关系着一个国家、一个民族的整体素质，关系着国家前途和民族命运。目前，我国已进入改革发展的新时期新阶段，德育教育的价值和意义更是日渐凸显。大力弘扬中华传统美德，建设社会主义核心价值体系，促进社会主义文化的发展和繁荣，是建设全面小康社会的主要任务，更是实现中华民族伟大复兴的必然要求。因此，党中央非常注重我国公民道德建设，全社会也已形成了加强和改进思想道德建设的新风尚。

青少年是国家的希望，是民族不断发展和延续的根本，因此，青少年德育教育就显得更加重要。为了增强和提升国民素质，尤其是青少年的道德素质，我们特意精心编写了本套丛书——《中华传统美德百字经》。

本套丛书立足当前公民，尤其是青少年思想道德教育的现实，将中华民族的传统美德归纳为一百个字，即学、问、孝、悌、师、教、言、行、中、庸、仁、义、敦、和、谨、慎、勤、俭、恤、济、贞、节、谦、让、宽、容、刚、毅、睦、贤、善、良、通、达、知、理、清、廉、朴、实、志、道、真、立、忠、诚、公、正、友、爱、同、礼、温、信、尊、敬、恭、恕、责、仪、精、专、博、富、明、智、勇、力、安、全、平、顺、敏、思、积、利、健、率、坚、情、养、群、严、慈、创、新、变、革、争、谏、诲、齐、省、克、竞、求、简、洁、强、律。丛书内容丰富、涵盖性强，力图将中华民族传统美德的内涵囊括进去。丛书通过故事、诗文和格言等形式，全面地展示了人类永不磨灭的美德：诚实、孝敬、负责、自律、敬业、勇敢……

这些故事在中华民族几千年的历史长河中，一直被人们用来警醒世人、提升自己，用做道德上对与错的标准；同时通过结合现代社会发展，又使其展现了中华民族在新时代的新精神、新风貌，从而较全面地展示了中华民族的美德。

在本套丛书中，为了帮助读者更好地理解这些源远流长的传统美德，我们还在每一篇故事后面给出了"故事感悟"，旨在令故事更加结合现代社会，结合我们自身的道德发展，以帮助读者获得更加全面的道德认知，并因此引发读者进一步的思考。同时，为丰富读者的知识面，我们还在故事后面设置了"史海撷英"、"文苑拾萃"等板块，让读者在深受美德教育、提升道德品质的同时，汲取更多的历史文化知识。

前 言

这是一套可以打动人心灵的丛书，也是可以丰富我们思想内涵的丛书……《中华传统美德百字经》向我们展示的是一种圣洁的、高尚的生活哲学。无论在任何社会、任何时代，给予人类基本力量的美德从来不曾变化。著名的美国政治家乔治·德里说："使美国强大的不是强权与实力，而是上帝赐予的美德。假如我们丢失了最根本且有用的美德，导弹和美元也不能使我们摆脱被毁灭的命运。"在今天，我们可能比任何时候都更应关心道德问题，尤其是青少年的道德问题，因为今天我们正逐渐面临从未有过的道德危机和挑战。

人生的美德与智慧就像散落的沙子，我们哪怕每天只收集一粒，终有一天能积沙成塔，收获一个光辉灿烂的明天。《中华传统美德百字经》中的美德故事将直指我们的内心，指向人性中善良的一面，唤起我们内心深处的道德感。因此，中华民

族的传统美德也一定会在我们的倡导和发扬之下，世世传承，代代延续！

全套丛书分类编排，内容详尽、文字优美、风格独具，是公民，尤其是青少年思想道德建设的优秀读物。愿这些恒久流传的美文和故事能抚平我们每个人驿动的心，愿这些优秀的美德种子能在青少年身上扎根、发芽、生长……

志·励志自强

中国是世界四大文明古国之一，悠久的文明历史横亘上下五千年，繁荣多样的文化也一代一代地传承下来。中华民族虽历经沧桑，却仍能够屹立于世界民族之林，这与我们中华民族优良的传统美德熏陶是密不可分的。

自古以来，中华儿女自强不息，无数的仁人志士或少有大志抑或老骥伏枥志在千里，他们在追逐梦想的同时，也在不断地攀登着人生中的一个又一个巅峰，甚至在与极限博弈。

进一步弘扬励志自强的精神精髓，有着深刻广泛的现实意义以及深远的历史影响。

"志"在这里代表方向。志向是梦想与现实间的桥梁，引导着身处不同境遇下的人们心存目标，向梦想进军；"志"字是人们潜能的挖掘机，人生于世，潜能无限。

只要立下志向，人生就有了目标，有了动力，就能激发出不尽的学习、工作热情，才有充实、丰富的人生。

鸿鹄之志不分朝夕。"志"也是人们心目中的一种亘古不变的意志，它不屈服，不妥协，勇往直前，什么艰难险阻都能克服。

弘扬励志自强的传统美德，不仅是历史的继承，更是时代与现实的需要。它有助于振奋我们的民族精神，增强民族使命感和责任感，从而也进一步抵御了目前流行的拜金主义、享乐主义以及极端个人主义，励志自强就是在新的历史条件下，为祖国的繁荣富强贡献自己的聪明才智，而这些聪明才智不下苦工夫是培养不出来的。想下苦工夫，就要立志，立志就要坚持下去，这就是励志，只有励志自强的人，最有可能实现自己的理想，否则一切美好的愿望只能是一句空话。

本书汲取了中华民族励志自强传统美德的精华，涵盖面广且针对性强，通过经典故事再现了中华民族不同时代励志自强的精神风貌。不同的时代，人们的价值取向不同，所立之志也大有不同。封建社会的"致君尧舜上"的理想，已不符合今天的现实，当代中国人的伟大理想是实现共产主义，但励志自强的精神却是中华民族永不磨灭的信条。

每个人都有自己的理想，每个人都有为实现自己理想而立下的志向，当然，每个人都有为自己志向奋斗的措施和历程。只有那些不畏劳苦在实现自己志向的道路上不断励志奋斗的人才有希望到达光辉的顶点。

改革开放后的中国人民在中国共产党的领导下，万众一心，为实现第一个目标——小康社会努力拼搏，这个目标的实现已经触手可及。我们还将为实现更宏伟的目标艰苦奋斗，从而使中华民族骄傲地屹立于世界民族之林，再登上另一个高峰。

目录

ZHONGHUACHUANTONGMEIDEBAIZIJING

中华传统美德百字经

志·励志自强

第一篇

身残志坚

盲人唐汝询刻苦自励

◎后天的缺陷不足以成为前进的绊脚石，志向才是决定成败的关键因素。——名人名言

> 唐汝询（约1624年前后在世），字仲言，甘肃省华亭人。小时候很聪明。他曾经撰写过《唐诗解》、《唐诗十集》等书，援据赅博，当时被视为异人。唐汝询擅长作诗，有《编蓬集》10卷，后集15卷，《四库总目》及《姑蔑集》等传于世。钱谦益称他的《唐诗选》时有新义。

明末清初，有个名叫唐汝询的著名诗人，两只眼睛都瞎了。

唐汝询出生的家庭充满了书卷味，他生下来时也是个健全的人，眼睛很好。由于家庭环境的熏陶，3岁时他就开始跟着哥哥读书识字了。

只可惜不幸的是，他5岁的时候，突然出了天花，虽然经过医生的抢救保住了性命，但两只明亮的小眼睛却再也不明亮了，再也看不见书上的字和画了，再也看不到世上的一切了。

失明的小唐汝询痛苦极了，简直没有了再活下去的勇气。但过了一段时间，他逐渐安定了下来。他想，世间无难事，就怕没志气。只要勤学苦练，就一定还能学到东西，成为有用的人。所以，他天天摸到书房里去，像以前一样去听哥哥们读书吟诗，把听到的诗文默默地记在心里。

一个看不见东西的小孩子，要记住很多诗歌文章该是多么的难啊！刚开始他只会拼命地去死记硬背，但很快他想出了一些可以帮助记忆的办法。他想起了古时候人们用结绳记事的方法，于是灵光一闪，自己也可以用不同的

绳结来帮助记录诗歌文章啊。

因此，他就用几根粗细不同的绳子，在上面打起许多不一样的结，用这样的方式书写它心里的文字。有时，他用刀子在木板或竹竿上刻下许多代表不同文字的刀痕，书就这样被他制成了。当哥哥们出去玩时，他就摸着绳子和刀痕，津津有味地读起他那些天书来。

虽然唐汝询双目失明，但因为勤于学习，肯于吃苦，所以，他读的书却不比哥哥少，成绩也不比他们差。

后来，他不但读书，还学起作诗来了。作诗的时候，要是有人愿意帮忙，他就会把作成的诗念出来，让人家写在纸上；要是没人帮忙，就依然用结绳和刻刀痕的方法记下来，等有机会再请人帮忙写到纸上去。

正是由于唐汝询如此地刻苦攻读，因此他取得了令人震惊的成就，一生中竟写下了上千首好诗，出了好几本诗集，如《编蓬集》、《姑蔑集》等。而且，他还给一些难懂的唐诗作了很多注解，并整理成《唐诗解》一书。如此好学而成就惊人的盲人，实在是值得世人永久学习和推崇的榜样啊。

◎故事感悟

虽然唐汝询自幼失明，但并没有被磨难击败，反而立志刻苦学习。没有条件，他便动尽脑筋创造条件学习，终于成为了举世闻名的诗人。如果是常人，取得这样的成就就已经了不起了，可他是盲人，取得这样的成就实在令人惊叹。

◎史海撷英

明清诗歌流派的兴替发展

明代有个具有非常强势传播力的诗学观念，名叫"诗必盛唐"，它的消极影响是自狭诗道，法唐而赝。虽然当时也有人呼唤接纳宋诗，但却很难形成趋势。

到了明末清初，一千多年的诗骚之树已经老了。明代出现的几乎一边倒地以盛唐为宗的诗学倾向，其主导者本意是为了诗高华滋壮，而实际上却更加催老了

它的生命。

作为一种主要的抒情文体，如果还要存在下去并发挥功能的话，那就需要遵守"惟正有渐衰，故变能启盛"的逻辑，也就是要在继承其优良基因的基础上赋予它新的生命元素，从而使诗歌得以真正复兴。

但对于清朝的人来说，唐诗和宋词是两大诗学格局，囊括了众多的诗学范畴、诗法家数，想完全摆脱这两个大格局而另起灶炉是不可能了，所以，这时的变一般也就只能是对既有的两大格局的重新体认、选择和融通了。

◎文苑拾萃

唐诗的成就

中国文学经历了 5000 年的发展，就像绵延不尽的群山，唐宋时期可谓是奇峰突起，出现了唐诗和宋词这两座高峰，巍然屹立，难以征服。这两个时期的文学成就是中国文学最辉煌的部分，它们使中国当之无愧地成了"诗国"。

唐诗是在六朝诗歌和隋朝诗的基础上发展起来的，隋朝对唐朝的政治制度和文学的影响更深。

对于唐诗的成就，胡应麟这样论述道："甚矣，诗之盛于唐也！其体，则三、四、五言，六、七、杂言，乐府、歌行、近体、绝句，靡弗备矣。其格，则高卑、远近、浓淡、浅深、巨细、精粗、巧拙、强弱，靡弗具矣。其调，则飘逸、浑雄、沉深、博大、绮丽、幽闲、新奇、猥琐，靡弗诣矣。其人，则帝王、将相、朝士、布衣、童子、妇人、缁流、羽客，靡弗预矣。"

虽然唐朝的历史只有 290 年，但它给后世留下的诗歌却远远超过了唐之前1700 年的总和。其中，具有开宗立派贡献的人物多达二十多人，著名诗人一百多位。如唐代的李白、杜甫、白居易等超级大诗人，就是最杰出的诗歌代表人物。

唐诗的形式十分丰富，古体诗有四言、五言、七言、杂言等，其中七言还发展成了歌行体，到了中唐又变成了元和体，乐府也发展成了新题乐府。特别是五言、七言律绝，在唐代成熟定型，并成为官定考试和竞赛的诗体，谁都可以作，百花齐放，争奇斗艳。

那时，六言诗、词也不断涌现，到了中晚唐时期，词则已发展到足以引领新潮流的壮观高度。

阿炳用血泪谱写《二泉映月》

◎人必须有志向，这是成功的秘密。——名人名言

> 阿炳（1893—1950年），原名华彦钧，小名阿炳，江苏无锡人，晚年被称呼为瞎子阿炳、盲公炳或盲炳。阿炳是我国著名的民间音乐家，因患眼疾而双目失明。他刻苦钻研，精益求精，广泛地吸取了民间音乐的曲调，一生共创作和演出了270多首民间乐曲。现留存有二胡曲《二泉映月》、《听松》、《寒春风曲》和琵琶曲《大浪淘沙》、《龙船》、《昭君出塞》六首。

　　在如今无锡当地老人的印象中，阿炳只不过是过去街上的一处寻常风景，一个穷酸艺人的抽象符号。那首在今天闻名天下的《二泉映月》，在过去无锡的上空却是那么随意地飘扬着，飘过了无数个白天黑夜，也飘过了大大小小的街巷。

　　1893年，一件离经叛道的怪事发生在了无锡香火很盛的道观洞虚宫里：在那个雷尊殿后面的小房里竟然有一个私生子呱呱坠地了，他就是阿炳，大名叫华彦钧。阿炳的父亲是雷尊殿的当家道士华清和，母亲是当地名门望族秦家的一个寡妇。他们俩因真爱结合，却不为当时社会所接受。因此，阿炳被偷偷抱出了道观，母亲也被逼自尽了。

　　刚出生没几天的阿炳被抱到了一位远房亲戚家抚养。阿炳在那里度过了七年没有母爱的童年时光，甚至连父母是谁都不知道。

　　阿炳7岁时，父亲把他接回了道观，但还是不敢以父子相称，只是让阿炳

拜自己为师，阿炳出家做了道士。华清和精通各种乐器，从阿炳10岁开始，他就对儿子进行严格的音乐训练，可以说是"冬练三九，夏练三伏"。阿炳也很勤奋，很快就熟练掌握了二胡、三弦、琵琶和笛子等多种乐器的演奏技艺。

17岁时，阿炳正式登上道场的舞台，赢得了众人的高度好评。青春年少的阿炳相貌堂堂，被人们称做"小天师"。

无奈，天有不测风云。阿炳21岁时，父亲忽然因病去世。临终时，他才向儿子透露了自己的身世。

唯一亲人的失去，对阿炳无疑是个巨大的打击，他十分痛苦。父亲去世前，让他和一个堂兄一起执掌雷尊殿的香火，但那个堂兄却为他准备了糖衣炮弹，找人设下圈套勾引阿炳误入了吃喝嫖赌甚至吸食鸦片的歧途。

很快，阿炳就穷尽了家财，不得不交出道观的财权。但更不幸的事不久又降临在他的身上，堕落的生活让他的双眼失明了。

大家都认为阿炳这下完蛋了，只有在家等死了，然而，阿炳却没有被厄运打倒，反而开始对现实、对人生进行更加深入的思考，并立志以说唱的形式针砭时弊。

于是，人们很快就又在街头巷尾看到了阿炳神采飞扬的演奏情景。而且还靠演出维生，从不去乞讨。虽然他穿的衣服破旧不堪，但却是缝补洗净的。他接受了"瞎子阿炳"作为自己的艺名，这很有点自我解嘲的幽默味道，但也可以看出他在苦难面前的坚强灵魂。

抗日战争爆发后，看不见东西阿炳却爱听新闻，还把听到的消息以说新闻的形式向大家表演。

人们都说阿炳有三不穷，即"人穷志不穷，人穷嘴不穷，人穷名不穷"。阿炳是个爱打抱不平的人，喜欢用说新闻的方式揭露财主恶霸的丑劣行为。当然这也给他招来了灾祸，那些痛恨他的人就叫地痞流氓来报复阿炳，对他进行残忍的谩骂和殴打，还砸烂他的乐器。新中国快要成立的时候，他就已经病贫交加，再也不能去卖艺了。

1950年夏天，北京中央音乐学院的几位教授携带着钢丝录音机来到了阿炳的家，为阿炳录下了六首乐曲，如《二泉映月》、《听松》等。临走时，他们和阿炳约好过段时间再来为他录音。

哪知仅仅三个月后，1950年12月4日，阿炳就吐血不止，与世长辞，那六首乐曲就成了他留下的绝唱。

阿炳的乐曲，特别是《二泉映月》，以无与伦比的魅力倾倒了世界，被人们认为是发自人类心灵最深处的咏叹。日本指挥家小泽征尔第一次听到这首曲子时就拜服得五体投地，他禁不住流下了眼泪，说："像这样的乐曲应该跪下来听！"

如今，无锡人都以阿炳为自豪，他的塑像也矗立在了惠山脚下的二泉池边，成了无锡人心中不朽的丰碑。

◎故事感悟

阿炳的一生是为音乐奋斗的一生，与此同时，也是践行励志自强的一生。双目失明的打击对于常人而言不堪承受，阿炳挣脱了厄运，成就了音乐梦想，成就了万世流芳的美名。

◎史海撷英

二胡的由来

二胡的历史起始于唐朝，至今已有1000多年。它最早发源于我国古代北部地区的一个少数民族，那时名字叫"奚琴"。但是，在过去却主要在长江中下游一带流行，因此又被称为南胡。

到了宋代，胡琴又被赐名为"嵇琴"。宋代末期的学者陈元靓在他的《事林广记》中这样写道：嵇琴本嵇康所制，故名"嵇琴"。宋代大学者沈括在《补笔谈·乐律》中记载："熙宁中，宫宴，教坊伶人徐衍奏嵇琴，方进酒而一弦绝，衍更不易琴，只用一弦终其曲。"

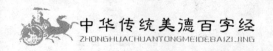

　　由此可以看出，北宋时期的演奏水平已经很高。到了明清时代，胡琴的声音已经响遍大江南北，并成为民间戏曲伴奏和乐器合奏的重要乐器。

　　直到近代，胡琴被更名为二胡，并沿用至今。新中国成立后，二胡的演奏开始进入旺盛时期。刘天华就是现代派的始祖人物，他借鉴了西方乐器的演奏手法和技巧，大胆而科学地把二胡定位成五个把位，使二胡的音乐范围获得了扩展，使它的表现力更加强大，确立了新的艺术内涵。自此，二胡的命运也发生了脱胎换骨的变化，从以往的民间伴奏中脱颖而出，成了独特的独奏乐器。这为它后来登上大雅之堂的音乐厅和音乐院校打下了基础。

失明不失志

◎困难乃见才，不止将有得。——宋·欧阳修《韩公阅古堂》

史光柱（1963— ），出生于云南省曲靖市马龙县，1981年入伍，1984年1月入党，2005年10月从77283部队副政治委员职位退休。史光柱先后荣立一等功一次，二等功两次，三等功两次。1984年他被中央军委授予"一级战斗英雄"的荣誉称号。1990年他被总政治部、组织部、人事部、宣传部、中国残联联合授予"全国自强模范"称号，2006年被中国文联、中华基金会联合评选为"全国十佳卓越人物"。史光柱现任中国残联作家联谊会副会长、中国作家协会会员。

1984年，年仅20岁的史光柱在对越自卫反击战中被炮弹炸伤了双眼，从此失去了光明。在这残酷的现实面前，他曾经有过痛苦，有过悲伤，但是，拥有远大志向的史光柱很快控制住自己的情绪，决心勇敢地面对现实，面对困难，顽强地奋斗下去。

他的伤还未痊愈，就开始练习自己吃饭、洗脸，学着摸索走路。一次，他去厕所，被拖把绊倒在厕所门口，嘴碰破了，头碰起了大包，但他毫不气馁，还是坚持锻炼。

在一次伤病员联欢晚会上，史光柱朗诵了自己创作的诗篇《理想之歌》，赢得了战友们的赞扬。战友们的鼓励激发了史光柱的信心和力量。他看到了光明，看到了希望，决心用自己手中的笔来突破双目失明的封锁，抒发自己的理想，从此他走上了诗歌创作的道路。

写诗，对于初中毕业且双目失明的史光柱来说，比在战场上攻克一座敌人碉堡还要困难，但是，史光柱选择了这条道路后就义无反顾，顽强地坚持走下去。看不见，不能执笔，他就请护士代笔；一遍不行，两遍、三遍；有时写了几十遍，写了撕，撕了写，反复推敲，直到满意为止。

双目失明，给史光柱的诗歌创作带来了巨大的障碍。为了弥补这一难以克服的缺陷，他一方面利用收音机听文学节目，请陪同的战友给他读文艺作品，学习诗歌创作的理论；另一方面则利用外出作报告的机会，广泛地接触各类人物，搜集创作素材。

就这样，他日复一日地花费了几十倍于别人的努力，克服了难以想象的困难，利用治病、作报告的闲暇时间，两年创作了一百多首反映前线将士牺牲精神、高尚情操、战斗生活的诗篇，发表在《人民日报》、《解放军报》、《萌芽》等报刊上。

1986年，史光柱被深圳大学破格录取到中文系学习。课堂上老师讲的内容，普通同学可以听，可以看，可以记录，但史光柱能接受信息的唯一器官是耳朵，而且这耳朵也受到炮弹的震伤。一天课上下来，太阳穴一跳一跳地疼，耳朵老是嗡嗡作响。

为了弥补听力的缺陷，史光柱就用录音机录下老师讲课的内容，课后慢慢"消化"。多少个闷热的夏夜，他都是在黑暗中忍受着潮湿、闷热、蚊虫的叮咬，强化记忆着老师讲过的知识。黑暗中的拼搏，困境中的奋斗，终于使史光柱取得了在班级中名列前茅的优异成绩。第一学期，他还出版了自己的第一本诗集《我恋》。

史光柱心中充满了理想，生活中也充满了欢乐和阳光。在大学生活中，他除了学习、写诗之外，还积极参加学校的体育活动、文娱活动、演讲比赛等。为了活跃校园的文艺园地，他和同学们又组织了"红树文学社"，并被推举为社长。

失明之后，史光柱没有失志。他在黑暗中用毅力、知识和热情构筑了一个阳光明媚的春天。

◎故事感悟

太阳的可敬之处在于它把无限的阳光铺洒到了人间，而史光柱则是将心中的那颗不落的文学太阳挥洒成滚烫的文字，驱走阴暗，散发出了光辉。

◎史海撷英

深圳大学

1983年，经国务院批准创办深圳大学。刚建校时在校学生四千多人，经过20多年的发展，在校学生达到了三万余人；办学层次实现了由学士、硕士到博士教育的三级提升。

1995年，深圳大学通过了国家首批本科教学合格的评价；1996年国务院学位委员会批准该校成为硕士学位授予单位。

1997年实行学院制，办学思路明确为以本科教育为主，积极发展研究生教育。2000年确立了新的办学目标，即由单纯教学型向教学与教研并重型转变。

2005年，深圳大学被批准成为工程专业硕士学位授予单位，并增加了两个培养工程专业硕士的领域。

2006年1月，国务院批准深圳大学为博士学位授予单位，至此形成了从学士、硕士到博士的完整的人才培养体系。

在《2007中国大学评价》编制的2007中国大学社会科学一百强排名中，深圳大学名列第七十一，成了一所颇有影响力的综合性大学。

◎文苑拾萃

《诗经》

《诗经》是我国第一部诗歌总集，收入自西周初年至春秋中叶五百多年的诗歌305首，《诗经》又称为《诗三百》。先秦称为《诗》，或取其整数称《诗三百》。西汉时《诗三百》被尊为儒家经典，始称《诗经》，并沿用至今。

倾心演绎《雀之灵》

◎古之成大事者，不惟有超世之才，亦必有坚韧不拔
之志。——宋·苏轼《晁错论》

邰丽华，1976年11月出生于湖北省宜昌市。身残志坚的她靠着不懈地拼搏和奋斗，逐渐成长为中国舞坛上的一名新秀。她勤奋敬业、勇于攀登、励志自强的拼搏精神，见证了残疾人敢于超越常人的奋斗轨迹。几年前她在春晚舞台"千手观音"的舞姿至今还感动着大家。

1978年，仅有两岁的邰丽华就因高烧注射链霉素不幸失去了听力，跌进了无声的世界。但她从小热爱舞蹈，到15岁便开始了舞蹈训练。

武汉市歌舞团一位姓赵的女老师认为她是个可造之才，只是感到难以和她进行有效的沟通，这势必会成为训练过程中最大的障碍，因此，赵老师只答应先训练一段时间，等看看女孩的领悟力再作决定。

邰丽华非常清楚，在自己未来的人生中，只要前面有路，不管它是多么艰险，都要坚强地走下去，特别是自己喜爱的舞蹈艺术，不会轻易放弃。

赵老师让这个新学生学习的第一个舞蹈是《雀之灵》，这对于没有专业基础的邰丽华来说，几乎是比登天还难。她的擦腿不到位，提腿不准确，手位也不协调。在老师眼里，她在舞蹈领域的一切都似乎无法让人满意，虽然邰丽华已累得满头大汗。

最后，赵老师无奈，索性就把这个柔弱的小姑娘一个人扔在教练室中，自己走了。

小姑娘可能并没有想到这是老师对她的另一种考验。空荡荡的排练室里，只有她微微的喘息声和那巨大镜子中娇小玲珑的身影。但不管怎样，在她眼里，所有困难都是正常的，再大的惊涛骇浪在她的心里也只是一汪静水，根本阻止不了她继续练习舞蹈的决心。

在接下来的半个月里，邰丽华把自己变成了一只高速旋转的陀螺，每天除了吃饭睡觉，就是练舞蹈。刚开始她只能在原地转几个圈，但半个月下来就能转上二三百圈，这让赵老师重新对她燃起了希望之火。

对于舞蹈而言，音乐是它的催化剂，正是在它的作用下，舞蹈家们才能将自己对音乐的所有感受表现成躯体的流动。

邰丽华不知道一曲《雀之灵》有多少节拍，但有人算过，有七百个左右，这对于没有任何听觉的她来说，想让自己的舞蹈和这么多节拍完全同步，唯一的办法就是记忆，重复，再记忆，再重复，直到最后在心里形成了一支永远可以随时为她响起的乐曲。

俗话说，一分耕耘一分收获。1992年10月，邰丽华以唯一一位残疾人舞蹈家的身份登上了意大利斯卡拉大剧院的舞台。2000年，她来到纽约卡内基音乐厅演出，赢得了观众的热烈掌声和赞美声。在国内，她也曾荣获全国残疾人艺术汇演一等奖、"奋发文明进步奖"。2003年3月，她在波兰表演的《雀之灵》倾倒了全场的观众，当大家知道邰丽华听不到自己的掌声时，很多人都流下了难言的泪水。

邰丽华先后出访过20多个国家，演出场次达到数百次，她以自己"孔雀般的美丽、高洁与轻灵"征服了世界上各种肤色的观众。

2005年，她更是在中央电视台春节联欢晚会上为那令亿万人痴迷的"千手观音"领舞，给人们带来了无限的欢愉、感动和沉思。

◎故事感悟

有声的舞步是音乐和动作的结合，但邰丽华无声世界中的舞步却是心灵与动作的碰撞与交融。她用心灵去跳舞，她带给人们的是美与愉悦的享受。她轻盈的舞姿后面是泪水和汗水，她励志自强的精神永放光辉。

◎史海撷英

原始舞蹈的萌芽

1985年，考古学家们在河南舞阳贾湖村东的一处新石器时代早期遗址中，发现了后来震惊世界的东西——16支用兽骨做成的笛子！经过碳－14的科学测定，这些骨笛是8000年前的杰作。

对于古代艺术史的考察证明，在我们祖先那里，音乐与舞蹈总是互相依赖的。因此，从这一支骨笛的音阶安排上，我们大概能够想象那时的舞蹈也该有相当的水准了。辽宁西部地区牛河梁所出土的5000年前红山文化遗址，有祭坛、积石冢群等，从而构成了女神庙的基本结构。

其中一枚保存完整的女神像，说明在那时已经有了真正意义上的祭祀活动。祭祀的具体过程和所用形式、手段虽然目前还未能考证，但根据人类历史发展的一般性线索，还是可以想见当时为祭祀女神大概已经有比较成形的祭祀性仪式。舞蹈，或许是其中主要的表达手段。

◎文苑拾萃

孔雀舞

孔雀舞是我国的傣族民间舞，它是最负盛名的传统表演性舞蹈。孔雀舞在云南德宏傣族景颇族自治州的瑞丽、潞西和西双版纳、孟定、景谷、沧源等傣族聚居区非常流行。其中，最具代表性的是云南西部瑞丽市的孔雀舞。

据传说，在1000多年前，傣族领袖召麻栗杰数模仿孔雀的优美姿态来学习舞蹈，经过后来民间艺人的加工，慢慢成形流传了下来，这就是现在的孔雀舞。

在伤病中勇敢站立

◎赖有忠信存，波涛孰敢侮。——清·朱彝尊《玉带生歌并序》

桑兰（1981—　　），浙江宁波人，原中国女子体操队队员，1993年进入国家队，1997年获得全国跳马冠军。

1998年7月，桑兰和中国体操队的队友们赴纽约长岛参加友好运动会，可是在她练习跳马时不慎失手，头部着地，导致颈椎严重受伤，胸部以下失去知觉。

手术后，桑兰高位截瘫。母亲闻讯后，不禁痛哭失声。然而，小小年纪的桑兰却安慰母亲别哭，并说自己一定会战胜伤病。

桑兰的坚强和永远的笑容感动了美国，也感动了全世界。原美国总统克林顿和夫人曾给桑兰写信表示慰问，并为其精神大受感动。

后来，桑兰到北大学习新闻传播专业，并主持了"星空卫视"一档《桑兰2008》的体育节目。

另外，她还常常参加一些社会活动，如做激情喷发的申奥形象大使，中国残奥会、中国聋奥会、中国特奥会的爱心大使，还光荣地做了一名奥运圣火的传递者。

总之，桑兰用自己的微笑向人们阐释了坚强的真正含义。

镜头前的桑兰，挑染了几缕玫红色头发，这使她显得美丽而时尚，只有那份与生俱来的纯真与坚强没有变。受伤之前的桑兰，在中国体操队享有"跳

马冠军"的美誉,是一颗璀璨的新星。

桑兰一直都在坚持康复训练,而且从来不曾懈怠过,这种永不放弃的精神也成了她最具魅力的地方。桑兰经常说,"乐观的心态是支持我的源泉。"

虽然说得轻松,但多年来桑兰所受的艰辛却是十分沉重的。她说:"生活中会遇到太多的困难,我每天都在面对它们,战胜它们,虽然也有失败的可能,但是我始终都会从正面去面对!"

桑兰用自己的实际行动充分展示自己坚强的一面,为人们作出了值得学习的好榜样。

◎故事感悟

桑兰因伤病不能站立,但她坚强不屈的精神却屹立在了人们中间。她用激情唤醒了身处困境的人们,并用实际行动为人们作出了身残志坚的成功者的风范。

◎史海撷英

古代奥林匹克运动会

公元前776年,希腊人规定,从本年起在南部的奥林匹亚开办运动会,以后每隔四年开一次。在运动会期间,所有的希腊选手和附近的百姓都聚集到奥林匹亚这个美丽的小镇上来。

第一次在这里举行运动会时,有个名叫克洛斯的多利亚人取得了192.27米短跑赛的冠军,这也是奥林匹克运动会荣获第一个项目的第一个冠军的人。

后来,这项运动会的规模逐渐扩大,并成了展示民族精神的一个大盛会。比赛的胜利者可以获得月桂、野橄榄和棕榈编织的花环等。

古代的奥林匹克运动会从公元前776年开始,一直办到了394年,才被罗马皇帝狄奥多一世禁止。此时奥林匹克运动会共举行过293届。

网络使他绝处逢生

◎无志，则不能学。——宋·陆九渊《论语说》

> 彭洪伟，重庆江津人，互联网自由撰稿人，网站运营、网络推广、网络营销专业人员，购物馆—购物导航创始人，最具影响力的网络推广交流平台"推一把"创始团队成员之一，非营利组织"蓝色烽火"创始成员之一，目前拥有艾瑞咨询、DONEWS、易观国际、WEB开发网、价值中国、鸡毛信、梅花资讯等专栏，拥有自己的独立网络推广博客。

彭洪伟在重庆的一个乡村长大，父母长年在乡镇企业上班，只有奶奶和他一起生活。他很小就会做家务，奶奶和父母都很疼爱他。从小学到初中毕业，他一直过着这样的生活。

彭洪伟19岁时，从巴南区的一所技校毕业后，就进了巴南区一家国有企业。但只工作了一年，就碰上国有企业管理制度改革、下岗分流这样的事情。无奈之下，他只好辞职，开始了自己的打工生涯。

2003年6月2号，彭洪伟所在的公司停电，大家都休息了，他和公司的一个试车人员一起开着需要实验的车子，然而，车子却翻倒在公路旁几米深的地方，车身压在试车员身上，自己被摔出了几米远。

当彭洪伟从昏迷中醒来后，发现自己的下半身已经不能动弹了，用手去捏也没有知觉。他意识到，自己即将面对的是什么！

手术后，彭洪伟的轮椅人生就开始了。

彭洪伟痛苦地度过了几年光景。居委会的主任牟永超很关心残疾人就业的问题，他带着儿子牟长青一起去探望洪伟，关切地询问："你愿意学电脑吗？让长青跟你讲解一下。"

事实上，车祸后彭洪伟一直想学电脑，但那时他家里没有电脑，只有一台借来的笔记本。长青就从一些互联网的基本知识讲起，然后拿出以前写的一些"网络推广"的文章给他看。

这一讲就是几个小时，听的彭洪伟非常茫然，不知怎么办。也许是一下讲多了，他还不能及时理解和消化吧。

几天后，长青又带着几个朋友和一本互联网基础知识运用方面的书来到了彭洪伟家。他们告诉彭洪伟，学习网络推广需要从学习论坛推广开始，先学会发帖，才能进行后面的推广工作。

终于，彭洪伟从一无所知到可以做兼职推广了。一分耕耘，一分收获。就在残奥会结束的时候，他收到了上海一个外企网站的面试通知。闻讯后，他悲喜交加。喜的是，能有外资网站看上他；悲的是，一个残疾人如何去上海面试？

万般无奈，最后，他只好鼓起勇气给公司回信说出了自己的实情。意外的是，网站的一个主管及时联系了他，彼此谈了谈，然后就决定把他录为网站的兼职推广人员，同时协助管理网站论坛。这让彭洪伟兴奋了好几天。

他从QQ群推广、论坛推广，一直进行到SEO中的友情链接推广、网址导航站推广，推广技能获得了大幅度的提升。在网址导航站推广上，他也得到了牟长青的有力帮助，使他很快进入了工作状态。

为了取得更理想的推广效果，洪伟并不满足自己的成绩，而是开始尝试写网络推广经验和体会方面的文章。

功夫不负有心人，经过不懈努力，洪伟成为了"DONEWS"和"艾瑞"的专栏作者。他的许多文章都相继被转载，特别是那篇《中小网站如何从"广告联盟"获取更多的利益》三分钟就被百度、谷歌等网站收录了，并被几大网站推荐到了首页。

尽管命运捉弄人，但彭洪伟并没有屈服，而是勇敢地面对和坚强地斗争，终于通过自己的努力，换来了家庭物质生活的改善，精神面貌也焕然一新。

他变得开朗起来了，再也不感到孤独了，还主动去与朋友接触交谈，这是以前所没有的表现，都是网络成就了他。

◎故事感悟

世界上本没有绝路，绝处逢生的权力掌握在自己的手中。不屈于厄运，敢于挑战悲惨人生，在困境中彰显出鲜活的生命力来，彭洪伟做到了这一点。他找到了自我，体现了自身的生命价值，他活得更自信更精彩了。

◎史海撷英

计算机网络简史

网络早已不是什么新鲜事物，在计算机时代早期，即巨型机时代，计算机世界被称为分时系统的大系统。分时系统允许通过只含显示器和键盘的亚终端去使用主机。

亚终端就像PC（个人计算机），但没有自己的CPU、内存和硬盘。借助亚终端，成百上千的用户可以同时对主机进行访问。这是由于分时系统的威力，将主机时间分成片，给用户分配时间片。片很短，使用户误以为主机完全为他所用。

到了20世纪70年代，微机系统取代了大的分时系统，在小规模上采用了分时系统。所以，网络是20世纪70年代PC发明后才出现的。

在计算机分时系统的基础上，计算机远程终端系统通过Modem（调制解调器）和PSTN（公用电话网）将计算机资源向各地的远程终端用户提供共享资源服务。虽然这还不算真正的计算机网络系统，但却是计算机和通信系统结合的最初尝试。远程终端用户也可以感觉到使用"计算机网络"的味道。

1969年12月，美国的ARPA网投入运行，这是互联网的前身，它标志着计算机网络的兴起。ARPA是一种分组交换网，分组交换技术使计算机网络的概念、结构和网络设计方面都发生了本质性的变化，为计算机网络的发展奠定了基础。

20世纪80年代初期，PC的应用得到了很大普及，由此也增大了PC联网的需求，各种基于PC互联的微机局域网纷纷出台。共享介质通信网平台上的共享文件服务器结构是这个时期微机局域网系统的典型结构。

PC是一台"麻雀虽小，五脏俱全"的小计算机，每个PC机用户仍然在自己的PC机上运行主要任务，只是在需要访问共享磁盘文件时才通过网络访问文件服务器。因为使用了较PSTN速率高很多的同轴电缆、光纤等高速传输介质，大大提高了PC网上访问共享资源的速率和效率。这种建立在文件服务器上的微机网络对网内计算机进行了分工：PC机面向用户，微机服务器只用于提供共享文件资源。因此，它就是一种客户机加服务器的模式。

计算机的网络系统非常复杂，计算机之间的相互通讯涉及到许多复杂的技术问题，计算机网络是采用分层解决网络技术问题的方法来实现计算机网络通讯的。不过，由于存在不同的分层网络系统体系结构，它们的产品之间很难进行互联，因此，1984年国际标准化组织正式颁布了"开放系统互联基本参考模型"的ISO国际标准，从而使计算机网络体系结构得到了标准化的统一。

到了90年代，计算机技术、通信技术和建立在计算机与网络技术基础上的计算机网络技术迅猛发展，尤其是美国在1993年宣布建立国家信息基础设施NII后，很多国家都纷纷制定和建立本国的NII,这就极大地推动了计算机网络技术的发展。

现在，全世界以美国为核心的高速计算机互联网已经形成，它就是Internet,并已经成为人类最重要的最大的知识宝库。而且，美国政府还分别于1996年和1997年开始研究发展更加快速可靠的互联网和下一代互联网。无疑，新一代的计算机网络发展方向将是网络互联和高速计算机网络。

◎文苑拾萃

自由撰稿人

自由撰稿人是一种新兴的职业形式。但是，该职业具有一定的局限性，并不是每个人都能从事这项职业，也并非只有少数的文字功底深厚的人才能做好。

总的来讲，自由撰稿人需具备最基本的文学功底或最起码的文字表达能力，有充足的写作时间，并且善于观察思考,善于收集材料,有一定的钻研精神等条件。

中国首位残疾人博士后

◎丈夫壮气须冲斗。——宋·文天祥《生日和谢爱长山句》

> 吴耀军，江苏省丹阳市人，我国首位残疾人博士后。自幼患下小儿麻痹症的他，凭借着坚韧的毅力自学完了大学教程，并于1996年获博士学位。至今人们仍在传颂着他的感人事迹。

吴耀军的腿部残疾是他七个月大的时候落下的。当时，父母知道他的腿残了后，望着尚在襁褓中嗷嗷待哺的残腿儿子，两人哭成了泪人。

后来，到了读书年龄，同村小伙伴唱着《读书郎》蹦蹦跳跳地上了学堂，可他却没有这个"权利"，躺在病床上的小耀军，撕打着床上的衣物，哭喊着非要上学。父母亲都是不识字的庄稼人，他们又何尝没有想过送儿子进学堂？

在村小学的一间教室里，书声琅琅。这时，一个拄着拐杖的孩子从窗外伸进头来，紧紧地盯着教室的黑板，用心记忆上面的每一个字、每一道题。他没有书本笔墨，只能用拐杖支撑着沉重的躯体，用脑子强记黑板上的内容。

有一个雨天里，这位满身泥水、一脸泪水和汗水的残疾孩子瞒着父母，斗胆推开了教室的大门，"扑嗵"一下跪倒在地："老师，求求您收下我吧，我要读书！"

小耀军强烈的学习欲望深深感动了学校所有的老师，也感染了为他整日担惊受怕的父母，最后，学校破例收下了他。

小耀军勤奋好学，成绩优良，每学期的家庭报告书中都有"三好学生"的记录。1976年9月，吴耀军以优异的成绩考上了县立重点中学。

初中三年，吴耀军不但把高中课程都自学完了，还学习了大学数学的一部分课程。而且，他还用业余时间学会了英语、俄语和德语，连计算机的应用技术也学会了。

中考后，吴耀军又以优异的成绩考上了无锡某中专学校。但遗憾的是，由于世俗的偏见，学校没有收下这位残疾孩子，但他自己却从没放弃过学习。

1981年，吴耀军信心十足地走进了高考考场，结果以超出录取线30多分的成绩考取南京某全国重点大学。但令人痛心的是，他再次因为残疾而被拒之门外。这时，他已经明白命运掌握在自己手上的道理，只有孜孜以求，才能让命运低头。

1988年冬，吴耀军从一份《光明日报》上偶然发现一条消息：1989年全国将在具有大学同等学力的人员中招收一批硕士研究生。

这使他如获至宝。可这时考研已迫在眉睫，只剩下两个月时间，但他还是决定博一回。为了不影响别人睡觉，他就拿着从别人那里借来的复习资料躲到厕所里，借着微弱的灯光读书。为了离灯光近些，他就搬来两张板凳叠起来，再高高地坐上去读书。

皇天不负苦心人。考试结束不久，一封来自招生办的信就送到了他刚从车间出来、沾满油污的手里。打开信，他简直不敢相信自己的眼睛，因为他凭着自学参加的考试成绩竟然夺得了第一名。

随后，宁夏大学又给他寄来了赴银川参加复试的通知。吴耀军赶紧收拾好行李，及时赶到了考场。结果复试顺利通过。他兴奋极了，回到江苏老家等候通知。

正在这时，校方来信说：因为他是单腿残疾人，户口又在农村，不能被录取。

听到这个消息，吴耀军差点没晕过去。他又遭到了命运的无情戏弄。

但是，他不相信这样的悲剧还会一直这样重演，吴耀军开始上访。他来到了国家教委，向人们讲述着一根拐杖单腿求学的艰辛历程。教委的领导们终于被深深打动了，根据国家教委的相关规定，他被录取为宁夏大学数学系硕士研究生。

就这样，一个只有初中学历的残疾青年，硬是闯进了大学研究生的殿堂。

1992年7月，吴耀军以优异成绩毕业，获得了宁夏大学数学系硕士学位。他回到了阔别三年的故乡，走上了华东船舶工业学院的讲台。

后来，在学校的毕业典礼上，一位女大学毕业生这样评价他："吴老师身残志坚，他认真严谨的治学态度，深深地感动着我们，同时也在鞭策着我们。他是值得我们永远学习的楷模……"

吴耀军在大学任教后，仍然坚持自学。在艰难的求索中，他又迷上了计算机图像处理，产生了要报考这个专业博士生的念头。

但这个专业的大部分考试科目他都没学过，复习时间也只剩下三个月，平时还要承担九十多人的教学工作。不难想见，他的艰难程度有多大。但是，他不仅全部完成了教学任务，还如愿被南京航空航天大学录取为博士生。

1996年11月初，吴耀军已是上海交通大学震动冲击噪声国家重点实验室的博士后。在毕业前夕，深圳有一家公司曾开价8000元月薪招募他，但他还是放弃了。他继续拄着拐杖，在科技前沿领域里进行着艰难的跋涉。

◎故事感悟

命运有时要捉弄我们一番，但如果你勇敢进取，奋斗不止，就会扼住命运的喉咙。

吴耀军用血泪谱写出了挑战人生命运的最华美的篇章。吴耀军是一个敢于冲破极限，不断进取、百折不挠的新一代知识分子，他自强不息的精神值得我们永远学习。

◎史海撷英

中国博士后制度的确立

诺贝尔奖获得者、华裔科学家李政道先生曾在1983—1984年两次致信邓小平同志，建议在中国实行博士后制度。

为此，邓小平在1984年5月于人民大会堂会见了李政道，并认真地听取了他提出的关于实施博士后制度的意见和方案，当即予以肯定："这是个培养使用科技人才的好制度。"

1985年7月，国务院批准设立博士后科研流动站，开始试行博士后制度，正式确立了博士后制度。

◎文苑拾萃

志在四方

"志在四方"由"四方之志"变化而来。志在四方出自《左传·僖公二十三年》，后又见于秦朝孔鲋编撰的《孔丛子·儒服》。据《孔丛子·儒服》记载：

战国时期，鲁国的子高游历到赵国，与赵国平原君手下的门客邹文、季节结成知心朋友。当子高离开赵国返回鲁国时，很多人前来送行。邹文、季节更是依依不舍，一连送了三天，送了一程又一程。

临别的时候，邹文、季节竟难过得流下了眼泪，而子高只躬身向邹文、季节作了个揖，转过身，挥手而别。

和子高同行的学生看到老师这样的举动感到很不理解，问道："先生与邹文、季节关系那么密切，他们两人舍不得与您分离，一送再送，临别时还流了泪，可是，先生却只向他们说一声再会，作个揖就匆匆而别，这岂不是显得太无情了吗？"

子高回答说："我原以为这两个人是大丈夫，想不到他们竟如此婆婆妈妈。人活在世上，就应该有远大的志向，走南闯北去实现自己的志向（原文是"人生则有四方之志"），怎么能儿女情长长期聚在一起呢？"

学生们又问："照先生这么说，他们俩是不该流泪的，对吗？"

子高说："他们两个都是心肠很好的善良人，但这样婆婆妈妈，将来一旦需要果断决策时，魄力一定是不够的。"

后来人们就用"志在四方"来形容人们的远大志向。

剪出美好的人生

◎世上没有绝望的处境，只有对处境绝望的人。——格言

> 田晓明（1963—），吉林省双阳县人，中国剪纸学会会员、剪纸研究会会员。1984年10月田晓明获庆祝新中国成立35周年双阳书画展纪念奖；1996年12月获全国彩色剪纸展优秀作品奖；1998年获中国剪纸艺术展三等奖；1999年10月在黑龙江艺术节庆祝新中国成立五十周年全国剪纸展览中获金奖；2000年2月在中国美术馆举办的中国剪纸世纪回顾展上获一等奖，该作品被上海吉尼斯总部认定为世界上面积最大的剪纸作品；2001年2月作品《石敢当》在中国民俗风情剪纸大展获铜奖。多年来，她的作品先后被美国、德国、英国、墨西哥、日本、中国香港等地友人收藏。

1963年出生于吉林省双阳县的田晓明是兄弟姐妹四人中的老大。在她的记忆中，家庭里充满了欢乐。妈妈虽然是个家庭妇女，却非常有艺术细胞，她爱好广泛，唱歌、唱戏、绘画、剪纸等等她都拿手。

田晓明幼年时得了小儿麻痹症，后来留下了残疾，不能跑步，但她非常向往奔跑——那是一种什么感觉呀！她的家就在鹿场里，常常看到鹿群奔跑的样子脚下生风、欢快活泼的鹿群真是让她好羡慕。

在她眼里，鹿群的样子是那么好看，那么自然、舒展，四蹄生风。她是多么渴望自己也能像鹿那样自由地奔跑啊。

田晓明上初中后，学校离家更远了，有十多里路，还都是山路。上学的路上，都是别人替她背书包，扶她走路。她一跌倒，会把别人也带倒，这使她感到非常内疚，于是就辍学了。

那年她已经17岁了。辍学后，田晓明整天把自己关在家里。爸妈看了心里暗自着急。

后来，她的三叔打听到山东省淄博有一家专治小儿麻痹后遗症的骨科医院，很多患者都被治愈了。因此，父母也想把她送到那里去治疗。虽然她知道做手术很痛苦，但再痛苦也比现在这样好。

可是，田晓明的手术效果并不好，没有完全恢复。不过，母亲的多才多艺熏陶了她，使她决心从此开始自己的艺术生涯。邻居们看见她的剪纸很漂亮，都纷纷跟她要。人们的称赞激发了她基因中对艺术的爱好。

由于绘画功底很好，田晓明剪起纸来是触类旁通，剪出的东西都有绘画的痕迹，富有飘逸的灵气。其实，她并没学过剪纸。

后来，田晓明又向泰安市的一个剪纸能手学习。这个老师发表过几千幅剪纸作品，田晓明成了她的关门弟子。

1995年，田晓明的剪纸引起了一个在大学任教的邻居的兴趣，提议为她展览。这年五月，她的剪纸作品在泰山博物馆展出了。

这是田晓明办的第一个个人展，她没想到剪纸也可以登上大雅之堂。展览期间，她给游人现场剪投影像，赢得大家的好评。这使她的信心大增。从此一发不可收拾，她逐渐参加市级的、全国级的展出，且屡屡获奖。

1993年，田晓明获得了工贸杯中国现代剪纸大赛优秀作品奖；1996年获得了全国彩色剪纸优秀作品奖。

慢慢地，田晓明感觉到自己不能老是停留在原来的水平上，一定要创作出一幅特别的作品来迎接新世纪，来提高自己。从1997年开始，经过两年的努力，她剪出了一幅"百米长卷"。正是这幅巨作给她带来了一连串的荣誉——"1999中国民间剪纸博览会"铜奖，1999年"中国剪纸世纪回顾展"一等奖，"庆祝新中国成立五十周年全国剪纸展览"金奖，此外，还获得了一项吉尼斯世界纪录。

但对田晓明来说，"百米长卷"还只是个开始，她开始寻找下一个创作题材，于是，柳下惠进入了她的视野。

在创造"柳下惠像"时，田晓明并没有肖像作参考，只能按自己心目中的形象去创作。"我想他是那么高尚、豁达的人，一定不会是风流倜傥的纨绔子弟，应该是面带智慧和善良，所以，我把他的额头设计得宽宽的，眼睛大大的，鼻子直直的，口方方的。"田晓明说。

这个系列剪纸中最长的一幅是柳下惠"招授生徒"。一排长长的徒弟，各具神态，非常恭敬地在聆听老师的教诲。"孔子、孟子都在其中，我把自己也看做他的徒弟，但又不能进入他那个时代，就剪了两只小兔子放在最下面，写上1963，这是我和爱人的出生年份，寓意我俩都是他的学生。"

从自己多年的创作经历中，田晓明深刻地感悟到：艺术是相辅相成的，你中有我，我中有你。既然这种艺术被社会所认可，那她就要在这个领域继续耕耘。在她心里，她从没放弃过文学梦，觉得将来还可以写自己的生活经历，把一些无法忘记的人和事、人生追求等等都写下来。

◎故事感悟

人间没有绝路，只有缺乏开拓新路的勇气。田晓明在失望中不绝望，在失落中不沉沦，用自己的双手剪出了一片人生新天地。事实证明，一颗自强不息的心才是无坚不摧的法宝。

◎史海撷英

剪纸的起源

中国剪纸艺术起源于汉朝，到南北朝时期达到精熟，不过，真正繁盛的时期却是清朝中期以后。

古老的剪纸主要用剪刀剪出，大多为农家妇女所作，是具有独特艺术风格的民间艺术。它用手工剪（刻）制，再用明快艳丽的色彩点染而成。

每逢年节，人民就把剪纸贴在窗户上作装饰，因此又叫做窗花。

◎文苑拾萃

中国民间艺术

通俗地说，劳动者为满足生活和审美需求而创造的艺术就叫民间艺术。它包括了很广泛的内容，有民间工艺美术、民间音乐、民间舞蹈、民间戏曲等。

从创作的角度看，主要是以农民和手工业者为主体，以满足创作者自身需求或以增加家庭收入为目的，甚至以手工艺术产品为生计来源。

从生产方式看，民间艺术以一家一户为生产单位，以父传子、师带徒的方式进行传承。

从功能上看，既有侧重欣赏性和精神愉悦性的民间美术作品，也有侧重实用性和使用功能的器物和装饰品。它充分反映了民间社会大众对审美的精神和心理需求。民间艺术品大多造型饱满粗犷，色彩鲜明浓郁，不但美观实用，还有求吉纳祥、趋利避害的功用。

重击后的崛起

◎虎瘦雄心在，人贫志气存。——元·万松老人《从
　容录》

残酷的现实曾给她带来了无尽的痛苦，但在挫折面前她却没有倒下，而是以顽强的意志和勇敢的态度接受了挑战，在布满坎坷的人生路上开创了自己的成功路。她，就是福建省宁德市周宁县池镇儒源村养殖专业户周丽君，一个残疾妇女。

20多年前，周丽君从四川嫁到了周宁县，从小勤劳的她总是和丈夫一起下地劳动，他们原本很贫困的生活也因此过得顺顺当当。

他们一共生了三个孩子，当孩子们不再拖累大人时，周丽君和丈夫就走出贫穷落后的小山村，来到县城谋求发展。

他们一家在县城郊区租了套简易房，丈夫每天去打短工，她自己则买了辆人力三轮车当起了车夫。夫妻俩吃苦耐劳，省吃俭用，日子也一天天好起来。

可是世事难料，就在周丽君为自己能在县城里站住脚跟而感到欣慰时，不幸却降临到了她头上。她身上的关节忽然莫名其妙地疼痛，以至痛得卧床不起。经医生确诊，她患上了类风湿性关节炎。

周丽君再也不能当"车夫"了，只好改行在街边设了个补鞋摊开始了鞋匠生活。但是，她的病情并没因此好转，反而一天天加重，最后她不得不领了《残疾人证》。这也意味着，她连鞋匠都不能干了。

然而，更让人难以接受的是，2006年，周丽君刚成年的大儿子突然得了骨癌。这个消息犹如晴天霹雳，给了周丽君更加沉重的打击。她与丈夫倾尽全力为儿子治病，但是一年多后，花了20多万元的夫妇俩，却仍没能留住儿

子的性命。

周丽君悲痛欲绝，但生性刚强的她并没有就此屈服。悲痛过后，她想到自己的女儿刚成年，未成年的小儿子还需要照顾，家里还欠着几万元的外债要还。严峻的状况容不得她消沉下去，因此，她决心克服困难重新站起来。

"天天疼痛不止的残疾身体还能做什么呢？"在反复思考后，周丽君于2008年初来到浦源镇潘山底村尝试养土鸡。

她先是买了几只小鸡，试着放到山上养。过了段时间，她发现这里的环境非常适合养土鸡，因此她决定办养鸡场。

由于缺乏资金，周丽君找了三个合作伙伴共同办养鸡场。不久，就在海拔近千米的山腰上办起了养鸡场，周丽君自任场长。

但他们都没有大规模养鸡的经验，很快，就因为搭建的鸡舍不科学，使5000多只小鸡一夜之间因为高温而死了将近一半，损失达2000多元。

失败并没有使周丽君退缩，她认真吸取了教训，还主动向一些专业户请教，求助有关部门科学的养鸡方法。

为了能成功，周丽君不顾身体病痛的折磨，住在养鸡场内，每天拖着病体上上下下地忙碌着。那时，山上的茅草有一人多高，她和大伙一起钻进草丛割茅草，一起搭茅草房。

此外，周丽君不仅负责做好几个人的饭菜，还当起了"鸡司令"。她的脖子上经常挂着一个哨子，一有机会就在树林、草丛中"指挥"鸡群觅食。

后来，只要她一吹哨子，成千的土鸡就会从四面八方围拢到她身边来。

周丽君住的是非常简陋的茅草房，夏天的时候蚊虫很多，水虱也多，经常把她的腿咬出许多的疙瘩；冬天寒风刺骨，她患病的关节处就钻心地疼。但看到自己的汗水都变成了收获时，她觉得再苦也是值得的。

"困难不用怕，只要自己有信心就有成功的希望。"她这样说。就这样，她不但用自己的努力使生活来源不成问题，而且还逐渐偿还了债务。

潘山底村的村干部看到周丽君那么高的创业热情，也对她给予了很大的关心和帮助，并决定把6000多平方米的闲置地无偿送给她发展养殖业。这让她感受到了人间的温暖，使她的斗志更加旺盛，信心更加充足了。

◎故事感悟

　　周丽君，一个平凡的人做着平凡的事情，但平凡的背后有着一颗自强不息的心。她为了圆心中致富的理想，将巨大的心灵及身体上的痛苦置之度外。她的创业精神令我们感动。事业不在大小，只要做好做精，就会创出一片属于自己的天地。

◎史海撷英

周宁县沿革

　　周宁县以前是福建省宁德县的一部分。明嘉靖三十五年（1556年）在宁德县内建周墩城。清雍正十三年（1765年）设立县丞驻治。

　　1935年设周墩特种区。

　　1945年设周宁县，取周墩特种区的"周"字和为县名宁德县的"宁"字。1949年6月28日周宁县解放，属福安专区、宁德地区、宁德市管辖。

　　2003年，周宁县辖六个镇三个乡，即狮城镇、咸村镇、浦源镇、李墩镇、纯池镇、七步镇，泗桥乡、礼门乡、玛坑乡。这年末，周宁县户籍人口为19.37万，其中有4.53万非农业人口。

◎文苑拾萃

鸡

（清）袁枚

养鸡纵鸡食，鸡肥乃烹之。

主人计固佳，不可使鸡知。

当代"海迪"田子君

◎亦余心之所善兮，虽九死其犹未悔。——屈原

被人们誉为当代"海迪"的田子君自幼家境贫寒，三岁时她因病致残，腰部以下失去知觉。她的弟弟、妹妹也先后罹患此病。为给孩子治病，父母卖掉房屋，耗资10多万元，也无济于事。

当小朋友们一个个陆续上了学，田子君坐在自家门槛上，看着他们上学时愉悦的神情常常失声痛哭。

父亲在外打工，家里就靠妈妈一人支撑。田子君每天盼望小伙伴回来，摸摸他们的书本。妈妈体会到孩子的痛苦，跑到学校买了两册课本，晚上手把手地教田子君认字。

即便如此，这种艰难的学习田子君也仅仅维持了半年。因为她要为母亲分担忧愁，照顾妹妹、弟弟。她借助矮板凳行走，从小便学会了做饭、洗衣。

心疼女儿的妈妈为田子君买了一个便携式收音机，小子君一有空就抱着放在耳边，听着外面的世界，同时，她也非常想让外界了解她的内心世界。于是她拿起了笔，将所思所想诉诸笔端，希望有一天自己能从文字中闯出一条路来。

1996年底，田子君借助词典，给楚天广播电台写了一封信。当天，电台全文播出，给了她极大的震动。她四处收集别人看过的书、报刊，如饥似渴地学习。

两年后，田子君的第一首诗歌《走出自我》发表在《应城日报》上。这一天，她心里像吃了蜜一样的甜。

后来，田子君向省、市电台多次投稿，应城电台《青春茶座》邀她参加研讨会，她成了楚天电台的忠实听众，许多听众还打电话来向她请教。

田子君先后阅读了二百多部文艺作品，好多经典段落她都能背诵。她最崇拜鲁迅，认为他敢说真话。她喜欢泰戈尔，认为读了他的书让人对生活充满向往。

在随后的日子里，田子君家的遭遇得到了社会的积极援助。应城市新华人寿保险公司和市消防大队专程为她送去一辆新轮椅。许多文学爱好者把自己的书捐给田子君，有人还帮她购回一台旧电脑。她学会了上网，发电子邮件，通过网络与人聊天。

田子君有个最大的心愿，就是出版《关于我家》的书，写她及弟弟妹妹三人身残志坚积极应对生活挑战的真实故事。她还准备给张海迪写信，交流生活和学习心得。她认为，一个当代青年，不论在哪里，在何种岗位上，内心深处都要有更大的世界。

◎故事感悟

对于一个未曾上过学的女孩子而言，写出一篇高水平的文章何其难。但再难也难不倒一颗上进的心灵。田子君怀揣着一个文学梦想，努力地朝着目标奋进着。其精神值得我们学习。

◎史海撷英

应城沿革

应城是古蒲骚之地，南朝宋孝武帝孝建元年（454年）置县，属郢州安陆郡。应城在这时开始建县。因为地理位置非常重要，是安、荆二府的咽喉，郧襄东道的门户，应该建城据守，因此名为应城。现在归属湖北省管辖。

北朝西魏以应城为城阳郡治，领应城、云梦两县，曾一度改设浮城县。隋朝时废除了城阳郡，把应城改为应阳。

唐武德四年（621年），应阳又被改回为应城，属安州，归淮南道管制。

宋朝时，属荆湖北路德安府。

到了元代，开始属于湖广行省德安府，后来归河南行省黄州路。

明朝时，属于湖广布政司德安府。

直到清代，应城仍然属于德安府，归湖广布政司汉黄德道管辖。

"中华民国"初期，隶属于湖北省江汉道。

1944年8月，析应城县境置应城、应西两县。第二年3月，两县合并，仍称应城县。

1949年4月，应城全境解放，属鄂中专区。6月，改为孝感专区。1959年归武汉市管辖。1961年仍是孝感专区（后改成孝感地区）。

1986年5月27日，国务院批准撤县建市，属孝感市代管。

网络上的贩羊能手

◎泊锚的船大体以经得起风浪，飘浮的冰山却必定随海流摆布。——名人名言

魏东义是鲁西南一带很有名气的贩羊能手，他每年能向全国各地推广良种小尾寒羊1万多只，销售额达到600多万元。

这个数字也许算不上什么奇迹，但它却是一个全身瘫痪的残疾人创造的。就凭着坚强的信念和毅力，凭借网络的力量，魏东义用艰辛的行动谱写了一首感人肺腑、身残志坚、自强不息的生命之歌。

1974年，魏东义出生在一个农民家庭中。他自幼聪明伶俐，人见人爱。上学后，他更是因为勤奋好学、品质优良而赢得了师生们的喜爱。

可惜事有不测。东义8岁的时候，开始感到关节疼痛。家里以为他是患了关节炎，就一直给他服用激素类消炎止痛药。没想到他上初二时，由于过量服用激素药，导致了骨质破坏，关节僵硬，除了胳膊，全身没一个关节能动了。就这样，小东义全身瘫痪了。

对于一个正处于活泼好动的少年来说，全身瘫痪的痛苦是可想而知的。老师为之哀婉叹息，父母为此惭愧落泪。对小东义自己来说，这更是一种毁灭性的打击。

起初，他的心情很坏，几乎要崩溃了，多次想到了自杀，想以死来换得自己和父母的解脱。但当看到父母乞求的目光和老师希冀的眼神时，他又在死神面前妥协了。

于是，他决心重新开始自己的人生，选择另一种生活方式——读书，从书籍中获得精神上的慰藉。通过阅读，他才知道生活是多么精彩，因此就如

饥似渴地扑在那些能给他启迪和震撼的书籍上，汲取着丰富的营养。《钢铁是怎样炼成的》《雷锋的故事》等书里讲述的人物故事深深激励着他，并由此认识到虽然自己身体不能动了，但还有聪明的大脑和能动的手臂，所以他决心要做一个对社会有益的人。

1997年，东义的家乡开始建设电话村。躺在床上的他意识到，在这个信息社会里，装一部电话就可以耳听八方，沟通世界，获取有效信息了。所以，在他的要求下，父母也给他装了一部电话。

从此，外面的世界就进入了他的世界，电话成了他的"千里眼"、"顺风耳"。

接下来，他就产生了一个大胆的想法：做生意。

不过，当他把这个想法告诉父母时，却遭到他们的反对，毕竟这种事连正常人都很难成功，何况他一个残疾人呢？

但是魏东义还是打定了主意。他知道，小尾寒羊是本乡的优势资源，不仅品种好，而且很有养殖前途。他从电话中也了解到很多地方都需要小尾寒羊，所以他不顾众人的反对，毅然决定做贩卖小尾寒羊的生意，并与万张乡李庄村小尾寒羊繁育基地经理李兴举取得了联系，开始涉足商海。

他一面向全国各地的报刊、电台、电视发布广告寻求购买信息，一面收集当地小尾寒羊饲养方面的信息。成功的道路从来充满坎坷。魏东义一开始也并不顺利，他发出的很多广告信息都如泥牛入海，了无回音。但他没有气馁，继续发。终于，功夫不负有心人，求购者出现了，而且越来越多，他每天不分昼夜地为人提供和收集信息，不厌其烦地给人讲解提供优质服务。

就是这样，魏东义利用电话这只无形的手，硬是把小尾寒羊卖到了长江以北的所有省份，还与全国各地的一百多家客户建立了长期合作关系，销售量由最初的几只逐渐增加到了上百只，他终于成功了。

经过数年的商海搏击，魏东义学会了在市场经济中掌握生存与竞争的能力。为了更好地掌握新的信息，他每年都要花几千元订阅十几份经济类、信息类的报纸，以便搜集信息，开拓市场。

2000年3月，他投资七千多元，购买了一台电脑。在潜心的钻研下，他很快掌握了操作技术，设计了网页，开始了网络卖羊，这对他的事业更是如虎添翼。

如今的魏东义生意越做越大，他已经拥有了自己的小尾寒羊养殖场，每年推销的小尾寒羊超过上万只，销售额超过600多万元。他深深懂得一个人富了不算富，大家富了才算富。因此，为了带动全村人走上致富路，他把信息和技术传授给大家，并免费提供服务。

在他的带动下，800多人的丁垓村大部分人都在从事小尾寒羊的饲养和贩卖工作，同时也推动了该乡小尾寒羊业的发展。全乡小尾寒羊存栏量常年保持在5万只以上，是远近闻名的小尾寒羊繁殖基地。

2004年11月，魏东义被团省委授予"山东省十大杰出青年农民"称号。

◎故事感悟

正常人难以办到的事情，魏东义却依仗残疾的身躯办到了。在他努力的过程中势必会遇到常人难以想象的困难，我们可以想象得出，魏东义在面对这些困难时有着怎样的心情，但困难难不倒满怀壮志的山东大汉。

◎文苑拾萃

《钢铁是怎样炼成的》

《钢铁是怎样炼成的》是苏联作家尼古拉·奥斯特洛夫斯基所著的一部长篇小说。该小说完成于1933年。

小说通过保尔·柯察金的成长道路告诉人们，一个人只有在艰难困苦中战胜敌人也战胜自己，只有在把自己的追求和祖国、人民的利益联系在一起的时候，才会创造出奇迹，才会成长为钢铁战士。

1957年，苏联根据《钢铁是怎样炼成的》拍摄了电影《保尔·柯察金》。1999年，中国大陆由《钢铁是怎样炼成的》的原著改编了一部同名的电视剧，剧中使用了多名乌克兰演员并用中文配音。该剧播出后，在全国范围内引起了巨大反响。

商海弄潮儿

◎命运给予我们的不是失望之酒，而是机会之杯。因此，
让我们毫无畏惧，满心愉悦地把握命运。——格言

> 陈毛毛（1956—　），江西人。他5岁时因故落下残疾，但他身残志坚，曾先后从事过多种行业，后以办涂料公司而一举成功。

陈毛毛出生于一个普通工人家庭。1961年，5岁的他不幸遭遇了一场意外事故，他的右手腕处粉碎性骨折。由于家里经济条件差，没钱治疗，导致后来落下了残疾。

每当听到小伙伴们叫他"半个残废人"时，陈毛毛的心里就十分痛苦，但他并没有因此自暴自弃。上学后，他开始用左手写字，一遍又一遍，直到两年后腕处稍有好转可以写字为止。

他学习起来非常刻苦用功，虽然右手写字速度很慢，但他从不认输，他愿用自己更多的付出去换取成功。他暗下决心，一定要身残志坚，干出一番事业来。

1981年，陈毛毛高中毕业了，由于手残疾不能干农活，他便尝试从事其他行业。他先后从事过运输业，办过小型民用煤加工厂、卫生纸厂、果冻加工厂，他还学过缝纫。他一直在不断地尝试着，积累了丰富的经验。直到他创办了昌九贸易有限公司，才找到了适合自己的舞台。

2000年，城市建设蓬勃发展，商机无限。在陈毛毛的昌九贸易有限公司经营得红红火火之际，他又出人意料地把方向转到了建材业。从有关资料上他了解到，国家将大力推广外墙环保涂料，慢慢淘汰外贴瓷砖。当时，国外

和沿海发达城市都已广泛运用高级环保外墙漆，但江西还是一片空白。

因此，当他了解到北京一家研究所开发出超级雨刷外墙漆后，就赶到北京接受培训，并买下了这一国家专利。

2001年11月底，陈毛毛从北京学习回来，马上自筹了8万元资金，创办了江西省佳溢美涂料有限公司，主要生产高级外墙涂料漆。他还吸纳了3名残疾工作人员。

一个月后，第一批产品出来了。投放市场后，因为产品没有达到技术要求，最后都被客户退了回来。

为了寻找产品失败的原因，他请教北京的专家，结果发现是原料存在问题。他一头扎进了实验室，一待就是30多个小时，他对每种生产材料逐一进行排列组合实验。

经过反复实验，他终于发现所进的原材料中有一部分被经销商掺假，致使产品技术不达标。这以后，他就对采购材料的质量进行严格把关。

新一批超级雨刷漆产品出炉了，在南昌、九江销售，获得了建筑商和单位的一致好评，市场行情十分看好，当年就有10万多元的利润。

后来，超级雨刷漆被评为全国建材装饰行业的优秀产品。为了扩大生产规模，满足市场需要，他与一家深圳公司合作，投资100多万扩大了生产规模。很有意思的一点是，陈毛毛从不忘帮助残疾人，全厂员工12人中就有8名是残疾人。

2004年，在县残联的扶持下，陈毛毛又收购了永修县小磨麻油厂，开发农副产品加工项目。

如今，陈毛毛的事业干得红火。人们在赞叹他成就的同时，对他身残志坚的精神也十分佩服。

◎**故事感悟**

一个身体健全的人尚难以做成的事情，陈毛毛秉承自己内心中的志向，依靠顽强的拼搏做成了，并且做得有声有色。我们不得不佩服他的魄力以及他励志自强的精神。陈毛毛不平凡的历程教会了我们更多。

◎史海撷英

江西省永修县沿革

永修县地处江西省北部，修水市下游。东濒鄱阳湖与都昌县隔湖相望，西与武宁、靖安县毗连，南邻安义、新建县，北接德安、星子县。

汉初置海昏县，新莽时改名宜生县，东汉复海昏县，永元十六年（104年）析置建昌县，以"畔临修水，永受其力"之意而得名永修县，隋时入永修入建昌。元朝元贞元年（1295）升建昌为州，明复降为县。1914年避四川建昌同名，复改永修县，沿用至今。现隶属九江市。

◎文苑拾萃

有志者事竟成

有志者事竟成，意思是指有志向的人，做事一定会成功。该成语出自于《后汉书·耿弇传》（作者是南宋的范晔）："将军前在南阳，建此大策，常以为落落难合，有志者事竟成也。"

ZHONGHUACHUANTONGMEIDEBAIZIJING

中华传统美德百字经

志·励志自强

第二篇

志存高远

马援年老志更高

◎穷当益坚，老当益壮。——南朝·宋·范晔《后汉书·马援传》

> 赵奢（生卒年不详），战国时代东方六国的八名将之一。最初为战国时代赵的田部官吏。由于不满平原君家拒绝缴纳租税，赵奢按律治罪，前后杀死了其从事者九人。平原君大怒，要杀赵奢。于是赵奢说服平原君说："君于赵为贵公子，今纵君家而不奉公则法削，法削则国弱，国弱则诸侯加兵，诸侯加兵是无赵也，君安得有此富乎？以君之贵，奉公如法则上下平，上下平则国强，国强则赵固，而君为贵戚，岂轻于天下邪？"平原君因此认为赵奢是贤才，提拔为治理全国赋税的总管，后来被任用做将军，悉心治军，对下严而和，凡有赏赐，必分给部属。赵奢死后，赵王为追念他为赵国所建立的功绩，厚葬于邯郸附近的西山，时人称之为"马服君"。

马援，东汉名将，字文渊，战国时期赵国名将赵奢的后代。他为汉武帝平定边境地区立下很多战功，对东汉初年的社会安定发挥了重要作用。马援一生兢兢业业，老年时死在疆场，是我国历史上老当益壮的典范。

马援小时候就向往在边疆地区策马驰骋，放牧牛羊，过着自由自在的生活。成年后，他担任扶风郡的督邮，官职不大，却十分同情受苦受难的平民百姓。有一次，马援押送犯人到长安去，他觉得犯人很可怜，便在半路上私自把犯人放了，因此遭到官府的追捕。马援东躲西藏，逃到北方隐蔽起来，开始实现少年时代的志向，开辟土地，放养牛羊。

后来朝廷大赦天下，马援得到赦免。获得人身自由后，他的畜牧业和农业生产大踏步前进，几年后就拥有了几千头牛羊，几万石粮食，成了富翁。

但马援并不看重财富，他把所有的财富都送给了亲朋好友，自己身披羊皮四处游历，边境地区的山山水水都留下了他的足迹。

王莽篡权称帝后，被农民起义军杀死，陇西的隗嚣乘天下大乱之机起兵。隗嚣很器重马援的才华，封他高官，同他商议军机大事。但马援深知隗嚣是无能之辈，毅然投奔刘秀。刘秀早闻马援大名，求之不得，立刻予以重任。

刘秀称帝后，为了消灭隗嚣的割据势力，亲自率领大军征讨陇西。谁知山高路险，人地生疏，无法进军。这时刘秀召来马援，马援深知隗嚣内部不和，认为速战定能取胜。他依靠自己熟悉陇西的地形，为刘秀制定进军路线，提出作战计划。

结果，第一仗汉军就把隗嚣军队打得措手不及。接着，汉军连连取胜，隗嚣的军队很快土崩瓦解，刘秀终于平定西部地区。

后来马援被封为太中大夫，驻守凉州。不久陇西羌人作乱，光武帝刘秀调遣马援平定陇西，封他为陇西太守。

马援火急赶到陇西，顾不上休息，立刻率领3000步骑兵向羌人军队发动攻击，一举击溃羌军，缴获上万头牲畜，当晚8000多名羌军士兵主动投降。

第二天，马援率领一小队人马奔袭允吾谷，把羌军的家属和粮草全部扣押。接着他分兵两路，包围羌军主力占据的山头。自己亲自率领小分队从山后攻上山顶，火攻敌军营帐，擂鼓呐喊。羌军被杀得人仰马翻，仓皇逃窜。

战斗中，马援腿部中箭，但他仍坚持战斗。十几天后，马援彻底平定了陇西，百姓纷纷返回家园，恢复生产，安居乐业。光武帝闻讯十分高兴，派人送来牛马赏赐马援，马援立刻把这些东西分给手下将士们。

几年后，陇右地区的羌人和塞外一些游牧部族纠集上万兵马作乱，掠夺汉人财产，屠杀百姓。马援闻讯后，立马率领4000士兵前去征讨，把羌军围困在荒山上。几天后羌军饥渴难忍，一片恐慌，除了一部分逃往塞外，其他万余羌人全部投降。于是马援很快便平定了陇右。

不久，岭南交趾（今越南北部）地区征侧、征贰姐妹起兵造反，征侧自立为帝，南方几个地区纷纷响应，攻下六十几座城镇。马援被光武帝封为伏波将军，率领大军乘海船抵达交趾，分兵两路，在浪泊地区大败敌军，俘虏近

万人。接着马援乘胜追击，几天后就平定了岭南地区，抓获征侧、征贰姐妹。

光武帝接到捷报，大为兴奋，封马援为新息侯。马援接到赏赐后十分不安，犒劳全体将士。马援曾对他弟弟说，只要有衣有食，能得到乡亲称赞就行了，不要苦苦追求功名富贵。他能封侯，全仗着全体兵士的浴血奋战。全体将士都被他居功不傲的品格所感动。

马援62岁时，汉军去平定武陵动乱，结果全军覆没。马援向光武帝请求出战，光武帝看他年纪已大，劝他就不要再出征了。马援却以身体尚可，要求继续为国家效力。光武帝深为感动，令他率领4万大军征讨武陵。

此时正是暑天，骄阳似火，敌军守住山头，居高临下，汉军的船只被急流所阻，久攻不下。许多官兵中暑，军营疾病流行，马援也病倒了，但他仍坚持指挥部队。

由于马援没有采纳另一名部将的意见，那名部将报告朝廷，诬陷他指挥不当。朝廷派人来调查时，马援病重死去。

马援死在疆场，实现了平生的志愿。他生前常对朋友说："大丈夫要有志气，越穷困，志气越要坚定，年老了，志气更要雄壮（老当益壮）！"

◎故事感悟

马援征战一生，一生杀敌无数，用生命来诠释心中至真至纯的意念——保家卫国，至死不渝。虽老年蒙冤，但无法泯灭这位老将红彤彤的赤胆忠心，更埋葬不了他不死的浩然正气。

◎史海撷英

马援诫子

马援侄子马严、马敦都喜欢讥刺议论别人，并和侠客交往。

马援先前在交趾，写信告诫他们说："我要你们听到别人的过失，就如同听到父母的名字，耳朵可以听，嘴里不能说。"

"喜欢议论别人的优缺点，轻率讥刺时政，这是我最讨厌的，宁死不愿听到子孙有这样的行为。"

"你们知道我讨厌得厉害，所以再次提到原因，是要耳提面命，重申父母的告诫，想使你们不要忘记罢了。"

"龙伯高忠厚谨慎，嘴里没有不恰当的议论，他谦虚节俭，廉正有威信，我喜欢他敬重他，希望你们学他。"

"杜季良豪侠仗义，替人分忧，与人同乐，轻重适宜，父亲的丧事来客人，几个郡的全到了，我喜欢他敬重他，希望你们学他。"

"学伯高学不成，还可以成为谨慎严肃的人，就是人们说的雕刻天鹅不成还能像鸭子。"

"学季良学不成，沦落为天下轻浮的人，就是人们说的画虎不成反而像狗了。"

"到现在季良还不知会有什么结果，但本郡将军一到任就恨得咬牙切齿，州郡把这报告朝廷，我常为之寒心，因此不愿子孙学他。"

曹操五十立大志

◎怜君头早白，其志竟不衰。——唐·白居易《反白头咏》

曹操（155—220年），字孟德，小名吉利，小字阿瞒，沛国谯（今安徽省亳州市）人，东汉末年著名的军事家、政治家和诗人，三国时代魏国的奠基者和主要缔造者，后为魏王，去世后谥号为武王。其子曹丕称帝后，追尊他为武皇帝，庙号太祖。

三国时，军阀袁绍以10万精兵称雄北方，对只有4万兵卒的曹操不屑一顾。袁绍骄纵蛮横，致使谋士许攸愤而投奔曹操，献出火烧袁军粮草之计。随后便发生了中国历史上著名的以少胜多的官渡之战，袁绍也在不久之后暴病身亡。袁绍死后，曹操最大的威胁消除了。

曹操带兵凯旋，一路上，将士们都很兴奋，认为袁军败退，北方已定，大家可以弃甲归田，过安稳日子了。但是大胜而归的曹操却满腹忧思，郁郁寡欢。

黄昏时分，曹操的军队来到一高坡前。曹操策马上坡，远眺着苍茫暮色和万丈彩霞，不禁吟出：

> 岁月悠悠，老年已将来临。
>
> 转战南北，何时能回故乡？
>
> 天下没有统一，我的壮志未酬。
>
> 战马不卸下鞍，铠甲不离开肩。

这首诗荡气回肠，谋士郭嘉紧随其后，听后默默无言。可是不远处却传来战士们充满归乡情怀的悠扬的歌声。

原来，曹军上下都认为北方平定了，可以安享太平了。但曹操胸中的大志却是：平定中原，进而统一全国。郭嘉深知曹操之心，于是怒斥那些贪图安逸的将士，代曹操说出统一中原的大志。曹操见他如此知心，甚为相惜。

就在这时，探马来报：袁绍之子袁尚、袁熙已经投靠东北乌桓。曹操因势利导，趁机激励全军将士直捣乌桓。

在兵发乌桓的路上，连日干旱无雨，将士们口渴难耐。正在无计可施之时，天降大雨，曹操欣喜若狂。可谁知连日暴雨，洪水泛滥，行军速度异常缓慢。

这时，有谋士建议驻军休整，但曹操担心延缓时日错失良机，执意不肯。这时，郭嘉献出一计：丢弃重物，扔掉盔甲，轻装前进。

这一计策遭到众人反对，因为一旦遭遇敌军，后果不堪设想。曹操沉思片刻，下令依计而行。

可怕的事终于发生了：在地势险峻的白狼山（今辽宁喀剌沁左翼蒙古族自治县东境），曹军遭遇乌桓三万骑兵的伏击！一时之间，曹军上下惊惶失措，乱成一团。曹操见此情景，拔出宝剑，高喊："大家不要惊慌！随我来！"他带头纵马杀开一条血路，直冲白狼山头，在制高点上镇定自若地指挥战斗。将士们深受鼓舞，奋力拼杀，大败3万乌桓骑兵。

随后，将士们士气高涨，纷纷要求乘胜追击，但郭嘉却坚决反对，并说：如今诸侯割据势力矛盾重重，我们一旦进攻，他们就会联合抵抗；我们不进攻，他们反而会起内讧，自相残杀，到时我们只需坐收渔翁之利！曹操听后，有些犹豫，但最终还是采纳了郭嘉的建议，按兵不动。

可是，几个月过去了，乌桓毫无动静，曹操变得非常焦急。郭嘉深知其意，便宽慰他再等一等。曹操一听，大怒道："等！我已经50岁了！再等我就……"

郭嘉终于明白曹操一直郁郁寡欢，是因为他担心自己已经老了，已经无法完成统一大业了！

　　时隔不久，乌桓果然派人携袁尚、袁熙的头颅拜见曹操。曹操由此更加赏识、信任郭嘉。征服乌桓后，曹操信心大增，决定发兵南下。然而在南下途中，曹军却因缺水而经历了前所未有的艰难险阻，军心开始涣散。对曹操打击最大的是，郭嘉因病去世了。此时，年过50的曹操扪心自问：要不要就此放弃？最后，他毅然决定继续统兵南下。

　　南下途经渤海时，曹操临海凭眺，看着惊涛拍岸，巨浪滔天，写下了著名的诗篇《龟虽寿》：

> 老骥伏枥，志在千里；
> 烈士暮年，壮心不已。

　　自此之后，曹操便更加坚定了意志，再也没有消沉，直到统一中原。

◎故事感悟

　　曹操是中国历史上的一代枭雄。他戎马一生，胸有大志，为统一中原征战不已。即使50岁时还未完成抱负也不灰心，不气馁，而是勇往直前，终于成就了统一中原的伟业。历史告诉我们，只要有雄心壮志，再加上不懈的努力，无论多大年龄，成就伟业都是可能的。

◎史海撷英

曹操平定关中

　　赤壁大战大败后，曹操为了稳定军心采取了一些措施。建安十五年春，曹操下《求贤令》，说："今天下尚未定，此特求贤之急时也……二三子其佐我明扬仄陋，惟才是举，吾得而用之。"

　　曹操为了尽量把人才揽到自己身边，就提出了不拘品行、唯才是举的用人方针。

　　建安十六年，曹操开始对关中用兵。三月，他派遣司隶校尉钟繇率大将夏侯渊以讨伐汉中（治南郑，今陕西汉中东）张鲁为名进兵关中。关中的马超、韩遂、杨秋等十部心理非常疑惧，一下全都反了。曹操立即派大将曹仁进攻关中，马超等人屯据在潼关。

　　七月，曹操亲自率领大军进军关中。九月，关中各军被攻破，马超、韩遂逃到凉州，杨秋逃到了安定（治临泾，今甘肃镇原南）。十月，曹操攻进安定，杨秋投降，至此基本平定了关中。

◎文苑拾萃

纵虎归山

　　东汉末年，处境艰难的刘备去投奔了曹操。程昱看出刘备非等闲之辈，劝曹操尽早除掉刘备。

　　刘备为了麻痹曹操，装做不问政治的菜农。等曹操灭了吕布时，刘备请求带兵攻打袁术，于是曹操给了他5万军马。

　　不想，刘备一离开曹操后就自立旗号，并逐渐和曹操、孙权形成了三国鼎立的局面。这就是纵虎归山典故的由来。

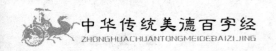
梁灏八旬中状元

◎坚志者，功名之主也。——晋·葛洪《抱朴子·广譬》

> 宋太宗（939—997年），宋朝第二位皇帝，赵弘殷第三子，是北宋开国君宋太祖赵匡胤的胞弟。本名赵匡义，太祖登基后改称赵光义，即位时又改名赵炅。宋太宗治政有为，不善武功，于太平兴国三年（978年）迫使吴越"纳土"；次年（979年）宋太宗赵光义移师幽州，试图一举收复燕云十六州，在高梁河（今北京西直门外）展开激战，宋军大败，耶律休哥射伤宋太宗，乘驴车逃走。他两度伐辽失败。在位期间，爆发了四川王小波、李顺农民起义。

梁灏少年丧父，由其叔父抚养成人。梁灏自幼专志好学，曾立下誓言，决意要考中状元。结果时运不济，屡试不中，受尽别人讥笑。但他并不在意，他总是自我解嘲说考一次就离状元近一步。梁灏从后晋天福三年开始应试，历经后汉、后周，直到宋太宗雍熙二年才考中状元。

那一年梁灏已经82岁了。当皇帝召见他时，他的表现丝毫不逊于年轻的状元，深得世人的赞赏。

梁灏满头白发才得中状元，并没有显得很高兴，尽管他终于达到了人生的目标，完成了心愿。为此，他曾写诗自嘲：

> 天福三年来应试，雍熙二年始成名。
>
> 饶他白发头中满，且喜青云足下生。
>
> 观榜更无朋侪辈，到家唯有子孙迎。
>
> 也知少年登科好，怎奈龙头属老成。

◎故事感悟

在苍凉的背后溢满了不被理解的悲壮情怀。活着只是为了圆心中不死的梦，逐日坚守，每天进步一点点，遥不可及的梦想原本与现实只有着一步之遥。

◎史海撷英

宋太宗学书

宋太宗当政的时候有个名叫王著的人，他喜欢学习王羲之的书法，且颇有心得，在翰林苑当侍书。

皇帝在政事之外，也喜欢摆弄书法，多次把自己写的书法派人拿给王著看，王著每次都说写得不好。因此，太宗就努力临摹学习，过了段时间他又把自己写的书法拿给王著看，王著还是说写得不行。

有人问王著为何总说皇上写得不好呢，王著解释说："其实写得不错，但如果那么早就夸圣上，恐怕他就不会再用心去练了。"

从此，皇帝的书法日益精妙，超越了古人，人们都认为这得益于王著的勉励啊。

◎文苑拾萃

宋朝的服饰

宋代的服装在服色和服式上基本是承袭唐代的风格，由于把传统融合得更好、更自然，给人的感觉似乎是恢复了中国的风格。

宋朝的男装大体是沿袭唐代样板，百姓一般穿交领或圆领的长袍，做事时就把衣服塞进腰带里，衣服通常是黑白两种颜色。而宋代的女装则多是上身穿窄袖短衣，下身穿长裙。只是在上衣外面再加一件对襟的长袖小褙子，类似现在的背心，但褙子的领口和前襟上都绣有漂亮的花边。

李克敬少年志存高远

◎一个人如果胸无大志，即使再有壮丽的举动也称不上是伟人。——格言

李克敬（1659—1727年），字子凝，号小东，峄县（今山东省枣庄市峄城区）人。李克敬一生与诗文相伴，数十年笔耕不止，在文学、史学和学术研究领域建树颇多。李克敬50岁时中进士，官拜编修。

1659年冬天，山东峄县下了一场罕见的大雪。教书先生李冲急急忙忙走出学堂，没等进院门，就听到屋里传来婴儿的哭声，仿佛一把嘹亮的小号，听得李冲脸上笑开了花。

"恭喜啊恭喜！又是一个胖小子。"街坊邻居们都赶来道喜，李冲是一脸的憨笑。这是他的第三个儿子，这个儿子后来成了康熙南巡时钦定的头号诗人李克敬。

李家数代都以教书为生，其先祖李九思、李九畴、李九叙、李九经全都是贡生。李克敬的曾祖李鱼化，祖父李春光，父亲李冲都以设馆教书为生。

明末清初的山东峄县，饱受战火蹂躏，四野荒芜，人口锐减，百姓生活在水深火热之中。李克敬的父亲李冲曾在战乱中被兵掠走，好不容易才逃回了家乡，并成家立业。

李冲为了遵照读书的祖训，把田产卖了，购买了笔墨，供自己的6个孩子读书。白天他打柴种地，晚上就教孩子们读书，生活过得十分艰辛。在所有的孩子当中，要数李克敬最懂事，他知道家里很穷，所以格外用功读书。《峄县志》记载，李克敬"幼敏悟嗜学，弱冠为诸生"。李克敬从小就敏而好学，

"生而颖异，五岁能诵尚书，八岁吟五经，十岁能属文赋诗，弱冠已为通儒，补博士弟子员。才满山左，久且满天下。"

康熙十三年，峄县新任县令周祚增上任后，通过拜访乡绅名士，得知境内有一位叫李克敬的少年才子，聪敏过人，博古通今，就派人把他叫了过去。

在县衙大堂上，文武官差站成两行，整个大堂里足有百人。但是，第一次来到这种地方的李克敬却毫无惧色，虽然只是一身布衣，但很干净利落。周县令拿出经书问他孔孟的名篇内容，李克敬都能对答如流，一字不差；问及历史地理天文，也无所不知。举人出身的周祚增心想，莫非他是个神童？于是再次考他，大笔一挥，在纸上写了"乡愁"两个字，请克敬以此为题作诗一首。

众人一看都傻了眼，从来没出过远门的李克敬怎么知道乡愁的滋味啊？哪里知道李克敬的父亲李冲年轻时长期流离在外，对家乡的思念之情早已通过言谈传输给了孩子们，让他们有了对家乡的特殊感受。片刻间，李克敬便缓缓吟道：

愁人不能寐，欲寐转彷徨。
方制思乡泪，闭眼即故乡。
惊魂以一断，寒宵万里长。
顽身飞不去，好梦送凄凉。

许久，掌声突然从县令手中响起，随即是整个大堂里掌声齐鸣。这年，李克敬只有14岁。

一时间，峄县的文人骚客都前来与他交往，求文问字者不计其数。身在一片赞誉声中的小克敬颇有些春风得意，遂立下远大志向："生于斯世，要做天地有用之人。"他相信，凭借自己的才学"二十余年可了功名事，四十左右便当逍遥圆，为生死之谋，图不朽之业"。

这在他的诗中也常可窥见："少小足奇志，拟意自豪狂"，"萧然布衣士，一朝动帝王"，"谈笑麾万军，风流羞葛羊。成功拂袖归，钟鼎轻毫芒"，"抱膝坐待大风来，破浪长鸣动天地"。

　　踌躇满志的李克敬对仕途前程充满信心，他常常用自己最喜欢的诗人李贺的诗"何当金络脑，快马踏清秋"和"我有辞乡剑，玉锋堪截云"来激励自己去获取功名。

　　可惜，人生并不像想象得那样一帆风顺。令李克敬没想到的是，为了他的仕途梦想，等待的时间竟比李贺的一生还长13年。

◎故事感悟

　　李克敬用其一生践行了少年时的雄心壮志。时间的消逝并不能消磨李克敬努力进取的信念，相反，他愈挫愈勇。他这种为理想而执著如一的精神值得后人学习。

◎史海撷英

编 修

　　编修是我国古代的一种官名。宋代时期，凡是修前朝国史、实录、会要（用于记录一个朝代中各种规程制度及其变化的书）等，都要随时交给编修官。枢密院也设有编修官，负责编纂记述。

　　明清时期，编修属于翰林院，比修撰低一级，与修撰、检讨同称为史官慎行，吴锡麒、蒋士铨、翁方纲等人都曾担任过编修一职。明清时期担任翰林院编修的是一甲二三名进士和庶吉士留馆者，他们没有实职。

◎文苑拾萃

雅颂八章

（清）李克敬

　　承天抚世，稽古帝王，书契以来，未有穆穆我皇。

　　佚殷越周，流虞漂唐，三后在天，配之弥光。

穆穆我皇，其道配天，蔼蔼如云，森森如渊。

兆民游之，春草露鲜，洋洋泄泄，不能言其然。

又能言其然，何以颂我皇？不识不知，与覆载相忘。

穷天亘地，外周八荒，莫不乐输将，莫不享来王。

向或有不，庭螳拟其斧，帝用亲征，士如貙虎。

雷霆震惊，游魂摧沮，不诛而服，于铄神武。

圣恩湛濡，斯醴斯醹，念我兆人，如在肌肤。

饥赐之脯，贫猛之租，穷檐载舞，深宫犹吁。

恐有弗见闻，时巡于迈，世维雍矣，圣心弗懈。

载察吏治，载省民瘝，四国跂祈，愿六龙蚤届。

道成治平，海宇宴宁，垂拱受之，天载无声。

于以赓咸英，于以续六经，于以禅云亭，以祚我皇清。

于穆顾喜，谓有肖子，用锡繁祉，下闻民言。

祝吾皇亿秭，自我民听视，惟万年万世，与天无止。

皇矣圣帝，亘古一君，治佚顼喾，德迈华勋。

欢祝雷动，齐寿苍旻，亿万斯年，沐我皇仁。

宗悫立志做将军

◎正身之道，一言一动，不可易也。——《二程集》

> 宗悫，字元干，南阳人也。叔父炳，高尚不仕。悫年少时，炳问其志，悫曰："愿乘长风破万里浪。"炳曰："汝不富贵，即破我家矣。"兄泌娶妻，始入门，夜被劫。悫年十四，挺身拒贼，贼十余人皆披散，不得入室。时天下无事，士人并以文义为业，炳素高节，诸子群从皆好学，而悫独任气好武，故不为乡曲所称。江夏王义恭为征北将军、南兖州刺史，悫随镇广陵。时从兄绮为征北府主簿，绮尝入直，而给吏牛泰与绮妾私通，悫杀泰，绮壮其意，不责也。

宗悫是南阳人，家里世代都是读书人。宗悫小时候跟叔父宗少文读书。宗少文很有学问，但为人清高，不愿做官。他见宗悫聪明，读书用功，便问他说："你长大了想干什么？"

宗悫回答说："愿乘长风破万里浪。"这是说他要干一番大事业，表达了自己的远大志向。

宗悫的理想是做一个有才能的将军，带领千军万马冲锋陷阵，为国家立大功。那时，国家太平已久，大多数年轻人一心关起门来读书，不喜欢练习武艺了。

然而，宗悫却每天挥舞着大刀或双剑，因此不被乡里所称道。但宗悫仍是披星戴月，勤学苦练，终于练就了一身好武艺。

宗悫14岁那年，他哥哥宗泌娶亲了。新娘子家里比较富裕，嫁妆很多，亲戚朋友也送了许多礼品，没想到被一伙强盗盯上了。

晚上，客人们相继离去，宗悫一家正准备睡觉时，十几个强盗拿着火把和刀枪棍棒闯入他家抢劫。宗悫手持练武用的大刀，一个箭步冲了出去。

强盗看他是个小孩子，没把他放在眼里。宗悫一脚踢倒一个强盗，又举起大刀，把另一个强盗劈翻，其余的强盗吓得一哄而散。少年宗悫勇斗群盗的事很快就传开了，人们都竖起大拇指称赞他。

这件事情传到了江夏王刘义恭那里，他很赞赏宗悫，就派人把他请来，叫他在自己手下当了一名军官。

宋文帝元嘉二十三年（446年），林邑王范阳迈骚扰刘宋边境，宋文帝派交州刺史檀和之前去讨伐。宗悫闻讯，自告奋勇申请出征。刘义恭向宋文帝推荐他，说他有勇有谋，于是文帝封他为震武将军，随檀和之出征。

宋军到了前线，包围了区粟城。范阳迈派兵来救援，檀和之派偏将拒敌，被敌人内外夹攻所败。檀和之又派宗悫出战，宗悫分兵数路，偃旗息鼓，偷偷前进，大败敌兵。于是，范阳迈倾国来战，出动了一支用大象装备起来的队伍。大象的皮很厚，普通的刀剑不容易砍伤它，刘宋大军无法抵挡。

宗悫心想，狮子是百兽之王，什么野兽见了都害怕。于是，他叫人做了一些假狮子装在车上，由士兵推着冲入敌阵。大象看见狮子来了，吓得四处奔逃，敌人的队伍很快就崩溃了。

宋军大胜，攻克林邑，夺得无数珍宝，宗悫分毫不取。

元嘉三十年（453年），太子刘劭谋害了宋文帝。宋文帝的第三个儿子刘骏这时正担任江州刺史，闻讯后首先起兵讨伐刘劭。接着，荆州刺史刘义宣、雍州刺史臧质也起兵响应，一起杀向建康。

刘骏任命宗悫为将军，和柳元景一起带领主力军队进攻建康。柳元景和宗悫攻破建康，在枯井中捉住刘劭，把他杀了。

这场动乱平息后，刘骏即位，史称宋孝武帝。孝武帝论功行赏，封宗悫为左卫将军、洮阳侯。

孝武帝孝建三年（456年），宗悫出任豫州刺史。按照刘宋旧例，州官议事时，典签都要参与决策，刺史不得专断。宗悫担任豫州刺史时，临安吴喜担任典签，每当宗悫决策时，吴喜多执不同意见。

有一天，宗悫大怒道："我在战场上出生入死，年将60了，才得到这么个斗大的豫州，我不能和典签一同治理它！"吴喜吓坏了，一个劲儿地叩头，血流满面，宗悫才作罢。

宋孝武帝大明三年（459年），宋文帝的第六个儿子竟陵王刘诞在广陵起兵，要夺取帝位。他骗部下说："宗悫助我起兵，一定会成功的。"

宗悫听说刘诞盗用自己的名义招摇撞骗，十分气愤，请孝武帝派他去捉拿刘诞。孝武帝觉得他有些老了，宗悫便当着孝武帝的面跳跃数十下，顾盼自如，气不长吁。于是，孝武帝派他跟主将车骑大将军沈庆之去平定叛乱。

到了刘诞盘踞的广陵，宗悫骑马绕城大呼道："我是宗悫，奉命来捉拿叛贼！"刘诞听了，大吃一惊，赶快派兵加强防守。

后来，沈庆之和宗悫很快就攻破广陵城，活捉了刘诞。在得胜回朝后，宗悫升为左卫将军。

◎故事感悟

一个人的志向可以决定他事业的兴衰成败。志向是一种方向性的指引，一种可以调动人所有积极细胞的兴奋剂。宗悫以将军为志向，立志拼搏，为后人留下了一段励志自强的人间佳话。

◎史海撷英

元嘉之治

宋文帝在位的时候，提倡文化，整顿吏治，清理户籍，看重农业生产。他曾在元嘉十七年和二十一年两次下令减轻甚至免除农民积欠政府的"诸逋债"。

江左从东晋义熙十一年到文帝统治末年（415—453年），"役宽务简，氓庶繁息"，因为这三十多年间比较安定，所以被旧史称作"元嘉之治"。

元嘉末年，北魏军队在江淮一进一出，被大规模战乱洗礼过的江南地区呈现出了一片萧条景象，结束了"元嘉之治"。

◎文苑拾萃

登景阳楼诗

（南朝宋）刘义隆

崇堂临万雉，层楼跨九成。

瑶轩笼翠幌，组幕翳云屏。

阶上晓露洁，林下夕风清。

蔓藻媛绿叶，芳兰媚紫茎。

极望周天险，留察浃神京。

交渠纷绮错，列植发华英。

最年轻的史学家

◎贞刚自有质，玉石乃非坚。——晋·陶渊明《戊申岁六月中遇火》

练恕（1821—1838年），字辛福，号伯颖，清朝史学家，练廷璜之子，被称为神童史家。练恕16岁患咯血病，18岁早逝。他著有《后汉卿表》、《五代史地理考》、《北周公卿表》、《西秦百官表》四篇，收入《二十五史补编》。

道光元年，练恕出生于一个书香世家。父亲练廷璜是一位重视读书且颇具文采的地方官，练恕七岁就随父亲到江浙读书。

练恕聪敏过人，学习刻苦。9岁读完了五经，又开始攻读各种史学名著和诸子百家著作。13岁时，他已经通读了13种经书以及《史记》、《汉书》、《后汉书》。这时，他已能用文言文流畅地写文章了。14岁时，练恕又遍览了中国编年体历史巨著《资治通鉴》。

《资治通鉴》这部巨著共354卷，上至周威烈王、下迄五代后周世宗，共记述了1362年的史实。这部巨著能载一车，14岁的孩子能遍览，实在令人惊叹！

那时，读书做官是一般文人的必由之路。父亲希望他早习应试文章，好金榜题名，光宗耀祖。练恕却不愿为科举而死读书，他立志献身于祖国的史学大业。

15岁时，练恕染上了"咯血疾"（肺结核）。父亲命他放弃学业，安心养病。他却常常躲开父亲，把书带到僻静的地方，一看就是十一二个小时。练恕读书，不是死记硬背，而是独立思考。遇到疑义，便找来其他的书比较对照，把正确的结论记在纸上。

勤奋和天才使练恕治学的效果远远超过常人，他的汉唐史学功力已超过了一般宿儒。父亲用《史记》、《汉书》中的事件考他时，他能对答如流。人们谈论史学时，只要有误，他就立即指出。

有一次，父亲读沈东甫的《新旧唐书合钞·序》，念到刘司徒怎样怎样时，练恕立即插言说："'司徒'是'司空'之误。因为刘司空的名字叫刘晌，生前只做过司空。"

父亲不信，就拿来《五代史·刘晌传》查看，果然是练恕说得对。练恕爱和父亲的同僚们一起讨论学术问题，并能言中要害。父亲的同僚们自叹："廉颇老矣！"

翻开《二十五史补编》，署名练恕的著作就有4种。令人难以置信的是，这些与史学大师并列的专著竟会出自一个十几岁的少年之手。

练恕从11岁便开始编著《后汉公卿表》，寒暑不辍，总共三次易稿。他15岁患病的时候，又写出《五代地理考》等三部史书。他还有两种未收入《二十五史补编》的历史专著和杂文11篇，也无不闪烁着智慧的火花。

16岁时，练恕肺病复发，吐血不止，父亲强迫他停止著述。

以后，他的病情日趋恶化。道光十八年五月，练恕在他父亲所在的上海县署病逝，年仅18岁。

◎故事感悟

有志不在年高，无志空活百岁。练恕少有所成，他只活到了18岁。18岁这个年龄对于绝大多数人来说都一事无成，可对于练恕来说已是硕果累累，真可谓天才。但天才究竟是如何"炼成"的呢？究其本源，唯有刻苦二字。天才的由来可见一斑。

◎史海撷英

道光帝镇压张格尔叛乱

道光六年（1826年），在乾隆年间被处死的大和卓博罗尼的孙子张格尔纠集了安集延、布鲁特兵500多人在英国的支持下侵入了喀什噶尔（今喀什）、英吉沙尔、叶尔羌（今莎车）、和阗四座城市，企图复辟和卓家族的统治。

道光皇帝命令扬威将军长龄、陕甘总督杨遇春、山东巡抚武阿隆、甘肃提督杨芳等，率领三万多军队于道光七年打败了张格尔，收复了四座城市，并通过诱降方式活捉了张格尔，将其处死，维护了国家的统一和领土完整，对西北边疆的和平安定意义重大。

◎文苑拾萃

十三经

十三经是从汉朝的五经慢慢发展而来的，十三经成形于南宋。据记载，汉朝时，五经为《易》、《诗》、《书》、《礼》、《春秋》，立于学官。唐朝时发展为九经，晚唐时发展为十二经。

唐文宗开成年间，在国子学刻石，除了九经外，还多了《论语》、《尔雅》、《孝经》。到了南宋，正式形成了十三经。

这个时期，《孟子》正式成为经学内容，和《论语》、《尔雅》、《孝经》一起，再加原来的九经，就成了十三经。

上进的"傻孩子"

◎行之苟有恒，久久自芬芳。——汉·崔瑗《座右铭》

> 王闿运（1833—1916年），字壬秋、壬父，号湘绮，湖南湘潭人，出生于长沙，晚清的经学家、文学家。

小时候的王闿运长得呆头呆脑的，邻居们都把他看成一个傻孩子，连自己亲生父母都不喜欢他，认为他将来不会有什么出息。他记忆力差，人家让他记点事，一转眼他就会忘得一干二净。

到了该上学的年纪，父亲把他送到学馆里学习。老师让他背诵课文，他从来不能把一段课文完整地背诵下来，有时候站在原地竟然一个字都背不出来，急得他直用手敲自己的脑袋。

王闿运虽然愚笨，可是上进心很强。他用比别人多几倍的时间来背诵课文，白天的时间不够用，他就晚上来背诵，不背诵下来就不吃饭，也不睡觉，直到背会了为止。他刻苦治学，无论严冬酷暑，从不间断。

凭着顽强的毅力，王闿运终于在十四五岁时对所学的文章能流利地进行讲解，并且对那些古奥艰深的文字也能逐一解释。

到了20岁左右，他的文章已经写得相当好了。在他二十七八岁的时候已经对历史典籍有了深刻的研究，终于在咸丰三年考中了举人，成了著名的学者。后来他在山东设馆教学。

　　山东巡抚崇恩非常钦佩他的才华，把他待为上宾。当崇恩由山东前往北京就任尚书职务时，又把王闿运推荐给当时官居要职的恭亲王肃顺，于是王闿运就做了肃顺的幕僚。肃顺将他尊为师长，事无巨细都要向他请教。

　　然而，王闿运落落寡合，不善于混迹于官场，后来自动引退，专门从事教育事业。

　　王闿运一生著述甚丰，刊行于世的就有《周易说》、《尚书义》、《诗经补笺》、《春秋公羊传笺》以及《论语注》、《尔雅集解》、《湘绮楼诗文集》等近30部著作，为后人留下了宝贵的文化遗产。

◎故事感悟

　　做学问不怕笨，只怕不勤奋。勤字当头，当无坚不摧，无敌不克。勤字是建立在意志力基础之上的，王闿运充分发扬了中华民族的这一优良传统，取得了学问上的成功。

◎史海撷英

中国古代的私学

　　根据记载，中国古代的教育是由私学举办的。汉代的蒙学大都叫"书馆"，教师叫"书师"，教材叫"字书"。汉代时已经开始创设"义学"。

　　后来发展到了宋元明清各代，也都设置有这类初级阶段的私学，如乡校、小学、冬学、村塾等。

　　私学重视教学程序，也有自己的校规。元代时期的程端礼所写的《程氏家塾读书分年日程》就是一部有名的家塾教学计划。私学对科学技术的发展也起到了很大的作用。

◎文苑拾萃

训诂学

训诂学是一种研究中国传统古书中词义的学问。训诂学不仅译解古代词义，同时还分析古代书籍中的语法和修辞现象。它从语言的角度研究古代文献，帮助人们阅读古典文献，是根据文字的形体与声音来解释文字意义的学问。

其实，训诂学起始于先秦，到汉朝时成形。宋代时期，训诂学进行了很多革新。元明时期，训诂学开始衰落，而到了清朝，训诂学则得到了最辉煌的发展。现代就是采用现代语言学的方法来研究训诂学。

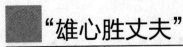

"雄心胜丈夫"

◎人而无恒，不可以作巫医。——《论语·子路》

王贞仪（1768—1797年），字德卿，清代女天文学家。王贞仪原籍安徽天长，生于江苏南京，是学者王锡琛之女，祖父王者辅曾在宣化任知府等官职。王贞仪从蒙古人学骑射，通星象，精历算，工诗文，通医理，其诗质朴无华，情感真挚。王贞仪著有《西洋筹算增删》一卷、《重订策算证讹》一卷、《象数窥余》四卷、《术算简存》五卷、《筹算易知》一卷。

王贞仪出生于封建士大夫家庭，她被父母视为掌上明珠，且管教甚严，使她从小就养成了爱学习的习惯。不仅学习起来有股钻劲，还很有韧劲，要是遇到什么问题，非弄个水落石出不可。虽然身居闺阁，却胸怀宽广，志存高远。

十几岁的时候，王贞仪对天文产生了浓厚的兴趣。无论严寒还是酷暑，她天天坚持观察天象，考察风云的流动、星座的变幻、气温的升降和湿度的高低。

长年累月，她积累了大量第一手天文资料，获得了丰富的气象知识，非常系统地掌握了四季气候的变化规律。特别是对她家乡地区的气象预测，达到了惊人的准确度。

王贞仪不但注重书本理论，也很注重实践活动。有时，为了验证书中的理论，她就自己在家里用简陋的材料设备创造条件，亲自进行相关的科学实验。

　　为了验证望月和月食的关系，以便正确地解释月食，她不断实验，总是在农历十五日的晚上，在花园亭子的正中放一张圆桌当地球，再在亭中梁上用绳子垂系一盏水晶灯当太阳，然后又在桌旁放上一个大圆镜作月亮，无数次地摆置、挪动、转移三者的方位，一次又一次地仰望明月星汉，殚精竭虑地探索真理，终于写出了很有价值的天文论著《月食解》。

　　难能可贵的是，王贞仪还提出，地球所处的位置在四面都是天的空间，地球上任何地方站着的任何人脚下都是地，头上都是天。对于宇宙空间来说，没有上、下、正、偏的区别。

　　王贞仪的这个相对空间的理论，无疑是一个十分有价值的发现，它澄清了当时人们对地球的错误认识。

　　王贞仪的治学思想是"人生学何穷，当知寸阴宝。"随着父亲工作变换的迁徙，她也跟着走遍了大江南北、塞外关内。即使在旅途中，她也从不忘记学习和考察。"足行万里书万卷，尝拟雄心胜丈夫"的著名诗句就出自她的手笔。但封建社会"往往论学术，断不重女子"的不良风气，使她本人以及学术成就得不到应有的重视。

　　令人叹息的是，如此才华横溢的女子，仅仅活了29年，但在她短短的一生中，却创作了包括文、赋、诗、词各种文体的文学著作《德风亭集》20卷以及《星象图释》、《筹算易知》、《历算简存》等十多种科学论著。

　　此外，王贞仪不但涉足地理、数学和医学等多领域的研究，而且对别人的一些天文论著也提出了自己的独特见解。很遗憾，她的杰出成就没能受到当时人们的重视，甚至连亲属也不在意她的作为。因此，到临终时，她只好将自己的书稿转交给一位女友保存，才由此得以传世。

◎故事感悟

　　"足行万里书万卷，尝拟雄心胜丈夫。"在这豪迈诗情的背后，积淀着王贞仪的奋进情怀。怎奈在封建社会里女子是不被重视的，尤其是在科技界，这就注定了她是一个悲情人物。然，其雄心壮志令今天好多人都佩服不已。

◎史海撷英

士大夫

士大夫是中国古代对官僚文人知识分子的总称，简称为"士"。如士农工商，这里的"士"，就是指知识分子。士代表的是社会的一个精英群体，它得以形成的原因是中国官员的选拔制度。他们既是国家政治的直接参与者，也是中国文化艺术、科学技术的创造者和传承者。

◎文苑拾萃

无 题

（清）王贞仪

丈夫之志才子胸，谁言女儿不英雄。
足行万里书万卷，尝拟雄心胜丈夫。

李政道献身物理学

◎有大志者，时亦有大言；好大言者，不必有大志。——宋·刘炎《迩言》

李政道（1926—），出生于中国上海，是著名的美国华裔物理学家。1957年，在李政道31岁时，他与杨振宁一起，因发现弱作用中宇称不守恒而获得诺贝尔物理学奖。李政道和杨振宁是最早获得诺贝尔奖的华人。

1926年11月25日，李政道出生于上海。他的父亲李骏康先生早年是南京金陵大学农化系的第一届毕业生，此时正在经营肥料化工产品的生意。母亲张明璋是上海启明女子中学的毕业生。在旧中国，这是一个不太多见的知识分子家庭。

李骏康先生虽是经商致富，但他对生意的应酬并不十分热衷，而对他的六个子女的管教却十分尽心和严格。

李政道的童年是在温馨的家庭里度过的，父母亲的苦心培养和良好的环境，使李政道的聪明才智得以挖掘。李政道自幼对数学和物理有独特的爱好。4岁时他就开始学认字，并学习心算加减法，他算起来特别快。每当他完成一道算题，幼小的他心里就特别高兴。

上了小学，李政道在知识的海洋里更加自由地遨游。他常常对一些数学问题长时间地思索。小时候的李政道长得瘦小、腼腆，在学校里总是显得那么安安静静，不引人注意。但从小学到中学，他的学习成绩总是保持优秀，因此博得了老师的特别青睐。

　　李政道经常轻声细语地拿着自己的作业走到老师跟前请求批改。他的数学老师每次批改完他的作业，总是提着眼镜，对他会心地微笑。看到老师的笑脸，小政道稚气的脸上也绽开了笑容。

　　20世纪30年代的上海是冒险家的乐园，也是工业较为发达，科学、教育较为先进的城市。在那动荡的年代，李政道既能时常触及科学文明的火花，又常体验到国家落后受人欺侮的滋味。

　　由于家庭环境的熏陶及他自己的志趣，李政道从小就有一种求学的渴望，并以成为科学家为自己人生追求的目标。他常用斑斓的光环来编织着自己理想的未来。

　　但"七七事变"后不久，日本侵略军占领了上海，随后又乘势紧逼南京。国民党曾声称要死守三个月的南京，结果只守了六天就放弃了，20多万军队不战而逃。沪、宁相继沦入敌手，整个江苏没有一寸干净、宁静的土地，上海滩也到处是连天的烽火、尸横遍野。传播知识的学校被当做伤兵的急救所，昔日繁华的南京路到处是军车的嚎叫声！

　　国难当头，战争的硝烟打破了他的幻想。在一片炮声火海中，李政道只好告别了养育他的黄浦江，随着逃亡的人群含泪离开了上海。

　　当时，李骏康先生以中国知识分子特有的思维方式，认为无论日子如何艰难，孩子的教育是头等大事，不能耽误。他先把老二崇道和老三政道送到浙江嘉兴秀州中学。

　　可是过了不久，战火又烧到那里，浙赣战事吃紧，他只好又把宏道和崇道、政道兄弟三人一起送到江西联合中学就读。在这战时的后方，生活和学习条件虽比不上上海优越，但毕竟可以安静下来继续学习而不至于荒废学业。

　　在这里，虽说生活苦些，父母又不能常在身边，他们兄弟三人还要共同为生活的许多琐事而操劳，但这里毕竟没有隆隆的炮声，毕竟有个较安静的学习环境，所以酷爱学习的李政道也就感到心满意足了。他如饥似渴地学习知识，他的数理天赋在这穷山僻壤里逐渐得到升华。

在江西的两年里，李政道的学习成绩还是那么优秀，令老师和同学们甚至他的哥哥都刮目相看。在这大后方，办学条件很差，师资奇缺，战争连年不断，学校经常聘不到老师。在李政道读高三时，有一天，学校训导主任叫人把他请去。他二哥以为三弟闯了什么祸，怕他这可爱的三弟会受什么委屈，赶紧跟上前去，在窗外看着。

训导主任对这位小同学挺和气，指着坐在一旁的数学老师说："不少老师都说你学得不错，特别是数学、物理更突出，天赋很高。校方考虑再三，想让你来为低年级同学上这两门课。不知小同学你意下如何？"

"我来当'小先生'？"李政道顿时愣住了。

坐在一旁的数学老师开口说："小同学，能当好老师是件不容易的事，对你是大有好处的，也可解校方燃眉之急。"

对这突如其来的消息和老师的恳切要求，使他无言以对。李政道使劲地点点头，脸上绽开了笑容。

站在窗外的二哥顿时双眉舒展，不停地向弟弟作着鬼脸，心里不停地自言自语："老三还真行，真行！……"

就这样，李政道走上了讲台，给低年级的同学上数学和物理这两门课。他不仅要学好自己的功课，还要用很多时间来备课。他备课特别认真细致，常从自己初学时的体会入手，对一个概念，一道习题，反复多次从不同角度来讲解。

由于李政道讲课浅显易懂，竟收到很好的效果。这些山里的孩子看到这位比自己高不了多少的"小先生"在引导他们向大自然探索时竟是那样侃侃自如，都赞叹不已。

◎故事感悟

少年壮志不言愁。找到一个乐趣的支点，便可以撬起苦难的"小宇宙"。但反过来看，家庭教育的重要性也不可小觑。李政道自幼立志勤学，终成大器，靠的就是这种发愤图强的奋斗精神。

◎史海撷英

李政道回国访问

李政道和夫人从20世纪70年代初开始回国访问，为祖国的科学和教育事业作出了杰出贡献。

在国内，李政道积极建议重视科技人才的培养，重视基础科学研究，促成了中美在高能物理上的合作，建议并协助建造了北京正负电子对撞机，还建议成立自然科学基金，设立CUSPEA，中国高等科学技术中心和北京大学、浙江大学的近代物理中心等学术机构也是他建议成立的。

此外，他还设立了私人教育基金，对艺术和中国历史文化都有浓厚的兴趣，并且喜欢随笔作画，积极倡导科学和艺术相互结合。

◎文苑拾萃

《李政道传》

《李政道传》为李政道好友兼助手季承先生所撰写，他耗费了10年时间，历经七次删改，终于再现了一个伟大学者的真实经历。书中还特别讲述了李政道跟妻子相遇、相知、相爱的故事。从书中可以看出，在长达半个多世纪的人生旅途中，爱情始终是这位伟大人物事业成功和幸福生活的源泉。

该书精彩地描述了李政道非凡的成功道路，用通俗易懂的语言阐释了宇称不守恒定律的产生真相和在物理科学史上的重大意义。

另外，此书还从侧面反映了近代中国科学发展和教育决策的历史，充分展现了"文革"时期李政道忧国忧民的情怀。

孔令辉的奥运冠军梦

◎人惟患无志，有志无有不诚者。——宋·陆九渊
《陆象山先生语录》

> 孔令辉（1975—），汉族，黑龙江省哈尔滨市人，中国著名的乒乓球运动员，有"乒乓小王子"之称。孔令辉6岁开始打乒乓球，1986年进入黑龙江省队，1988年进国青队，1991年入选国家队。历年来孔令辉在国际乒联公布的世界男单排名中均排在前列，是世乒赛、世界杯和奥运会男单"大满贯"得主。

　　1988年6月，一个不满13岁的少年在日记里这样写道："每个人都要有理想，我的理想是什么呢？我是一名乒乓球运动员，我的理想是成为世界冠军、奥运会冠军！"

　　这个少年就是刚来中国青年乒乓球队报到的孔令辉。

　　其实，孔令辉虽然有个当乒乓球教练的爸爸，但他并不是从小就喜欢打乒乓球。那时，就算爸爸把球塞给他玩，小辉也会大哭着不依。

　　可是，当小孔令辉长到6岁时的一天，他从幼儿园放学刚进家门就兴奋地嚷嚷："爸、妈，我是幼儿园乒乓球队的正式队员了！"

　　爸爸一听就愣了："是老师挑上你的？"

　　"不，"小辉响亮地回答，"是我自己报名的。"

　　爸爸心想，这孩子，自己还挺有主意的，那就让他学吧！当时谁也没想到这个自己报名的孩子将来会成为世界冠军。

　　在父亲的指导下，孔令辉从幼儿园乒乓球队到哈尔滨市少年宫乒乓球训

练班，一直到黑龙江省乒乓球队，一步步成长了起来。最后，终于被中国青年乒乓球队选入，到了北京。

仅仅一年后，孔令辉就在全国少年乒乓球赛上获得冠军。夺冠后的他兴奋地赶回哈尔滨的家，一路上都在想象着爸爸妈妈听到这消息后的高兴样子。

然而，爸爸见了兴奋不已的孔令辉只是淡淡地说了一句："小辉，据我所知，到目前为止，还没有一个得过全国少年冠军的运动员最后也获得了世界冠军呢！"

听了爸爸的话，小辉一愣，但马上就反应了过来，爸爸是在告诫自己不要骄傲自满。他马上懂事地回答："爸，您的意思我明白。"

孔令辉也并不总是一路顺风，刚开始，他没有像和他同龄并同时进队的刘国梁那样取得很好的成绩。尽管心里一直做着世界冠军的梦，但他清楚，要把这个梦变成现实，前面还有很长一段路。

在第四十三届世乒赛单打分组赛中，孔令辉一路畅行无阻，顺利进入了争夺前八名的比赛，对手是法国名将盖亭。那时的孔令辉还不曾战胜过欧洲强手，但他无所畏惧，经过艰苦搏斗，终于战胜了盖亭，最终登上了冠军宝座。

站在颁奖台上的孔令辉虽然心情激动，但却没有满足，因为他还要成为奥运冠军，实现大满贯的最高梦想。

终于等到了悉尼奥运会，孔令辉一路过关斩将闯进了决赛。在决赛中，他连下两局。第二局时，他的脚不留神崴伤了，为了不让对方知道，他故作没事一般，继续忍着疼痛和对方拼搏。当然，他还是难免受到脚疼的影响，因此丢了两局。

到了第五局，这是决定胜负的一局，孔令辉终于发挥了最好的水平，战胜了这个最强劲的对手。他再也抑制不住心中的喜悦，犹如火山爆发一般蹦了起来。梦想，在这一刻放出了最辉煌的光芒。

◎故事感悟

梦想那盏璀璨的航灯塔指引着孔令辉奋发上进的旅程。有梦想才有动力，有动力才有可能成功。

◎史海撷英

悉尼奥运会

2000年9月15日至10月1日，全世界200个代表团的11000多名运动员齐聚澳大利亚悉尼，参加了在这里举行的第二十七届奥运会。这是新世纪的第一场奥运会。

此届奥运会的角逐项目一共有28个大项、300个小项，数目之多超过了以往任何一届奥运会。另外，此届奥运会还创造了34项世界纪录，77项奥运会纪录，3项奥运会最好成绩。

在这届奥运会上，中国代表团共派出了311名参赛运动员，并跻身奖牌榜前三行列，取得了获金牌28枚、奖牌总数59枚的好成绩。这两项指标都创下了中国自加入奥运会以来单届最高纪录。

◎文苑拾萃

孔令辉的乒乓生涯

孔令辉是中国乒乓球界的里程碑式人物，他拿到了中国历史上第一个横板进攻打法的男单冠军，跟刘国梁一道开启了中国男子乒坛"双子星时代"，一起夺得过11个世界冠军。

在1995年第四十三届世乒赛上，年仅20岁的孔令辉就夺得了男单冠军，登上了他运动生涯的第一个巅峰。

在随后的五年里，孔令辉与刘国梁一起并肩挑起了中国队的大梁。他们不仅在团体赛上频频立功，在单打角逐中各守半区，还在双打项目中配合默契，是当时世界上战无不胜的一对搭档。

2000年悉尼奥运会上，孔令辉一路畅行到决赛，最后战胜了老对手瓦尔德内尔，摘取了男单金牌，并与刘国梁合作夺得了男双银牌，再次登上了事业的最高峰。

刘国梁善于激情表演，孔令辉跟他相比技术更加全面，临场发挥也更稳定一些。悉尼奥运会赢得金牌后，孔令辉在打法上更显出了一种王者之气。虽然在中国乒乓球国家队里，王励勤、马琳、刘国正等新锐正咄咄逼人地向他们走来，但孔令辉丰富的大赛经验显然是他战胜对手的重要筹码。

2006年10月12日，孔令辉正式宣布退役，由运动员转向了教练员，昔日的乒坛悍将从此开始了向儒帅的转变。

克服先天不足的舞蹈王子

◎无志，则不能学。——宋·陆九渊《论语说》

黄豆豆（1977—），浙江温州人，中华人民共和国国家一级演员，毕业于上海市舞蹈学校及北京舞蹈学院。2001年黄豆豆获委任为国家一线歌舞团上海歌舞团的艺术总监，当时他只有24岁。

1997年，毕业于北京舞蹈学院的黄豆豆，荣获文化部全国高等艺术学院"优秀毕业生"称号。

黄豆豆的表演阳刚洒脱，情舞并茂，技艺超群，代表作有《醉鼓》《秦俑魂》等。他曾夺得过1994年第四届全国"桃李杯"舞蹈赛少年甲组第一名；在1995年第三届全国"独、双、三"舞蹈赛上获得中国古典舞唯一金奖；1997年在朝鲜的第十五届平壤之春国际艺术节上以《醉鼓》夺得国际金奖，并于同年在第五届"桃李杯"舞蹈赛中再夺金奖。

1998年2月，黄豆豆应洛桑国际芭蕾大赛邀请，在国际舞台上表演《秦俑魂》，为祖国争得了荣誉。

在父母的影响下，黄豆豆从小爱好舞蹈，父母也希望他能在舞蹈上有所作为，但意外的是，他在报考舞蹈学校时却非常不顺利，连遭打击。

1987年，年仅十岁的黄豆豆来到北京，投考北京舞蹈学院附中。但命运似乎并不青睐这位未来的舞坛王子。因为学员的录取条件有一些硬性的规定：跳舞人的身材比例，下身至少要比上身长10厘米。而黄豆豆当时离这个标准

还差4厘米，因此根本没有被录取的资格。

回到温州老家后，母亲请教医院专家，然后为黄豆豆制定了"下肢加长"的土方法。先安好吊环，想当然地要把黄豆豆的腿吊长。这样的拔苗助长当然是无济于事。

但黄豆豆并没有失去对舞蹈的执著和热爱，终于把前往温州招生的上海舞蹈学校的老师感动了。就这样，身高不到170厘米的豆豆，走进了上海舞蹈学校试读。

在上海舞蹈学校学习的第一个学期，黄豆豆不但文化课比别人差，而且那不合标准的体型也总是遭到同学们的耻笑，特别是那些身材条件好的同学经常对他冷嘲热讽，这无疑让15岁的豆豆感到无比苦闷。渐渐地他变得敏感起来，他被身体的劣势深深困扰着。

试读的第一年中，黄豆豆为了弥补身高上的缺陷和柔韧性的不足，用一种近乎疯狂的态度和热情去学习和练习舞蹈。心里憋着的那股劲，简直让他达到了废寝忘食的境地。他搬来一张八仙桌放在练功房的把杆边，然后用两根竹竿架在把杆和桌子之间，上面挂上蚊帐，实在太热时，就买个小电扇放在蚊帐里降温。

就这样，黄豆豆每天在练功房里练功、跳舞，夜晚在那里休息睡觉。好在，老师也没怎么管他，而别人怎么跳，他也不去理睬。他只是忘我地进行着自己的锻炼，想怎么跳就怎么跳。他仿佛有使不完的劲，不停地跳，直到脚酸背痛。他心里就一个想法：我既然来到了这里，既然要从事跳舞，就一定要证明给你们看，别看天生条件不好，但一样可以跳出好成绩来。

一年的试读期限马上就到了，尽管黄豆豆的专业课成绩很不错，但腿不够长给他造成的自卑阴影还是笼罩着他的心，并且时刻在折磨着他。

正当黄豆豆对此感到懊恼迷茫时，一次跟残疾人演员一起排练演出的事，却让他对自己的舞蹈有了一个全新的认识。他觉得，自己有责任有义务一定要在舞蹈上创造辉煌的成就。于是，黄豆豆的舞技便一步一个台阶，日益精进，终于获得了令曾经嘲笑自己的同学为之瞩目的巨大成功。

◎故事感悟

先天不足曾经使多少人的理想和希望成为泡影，克服先天不足而取得成绩达到理想者也不乏其人，黄豆豆则属后者。他不屈服，不气馁，不怨天尤人，敢于面对挫折，敢于承受非议，敢于挑战极限，做最完美的自己。

一座时代自强的丰碑

◎积极的人在每一次忧患中都看到一个机会，而消极的人则在每个机会中都看到某种忧患。——格言

洪战辉（1982—），河南省西华县人，湖南怀化学院2003级学生，中南大学大学生。他因带着捡来的妹妹艰难求学12年，2005年被评为感动中国十大人物之一，成为时代偶像。2010年，在湖南宁乡花明楼镇做挂职党委副书记。

1982年，在河南省周口市西华县东夏镇的洪庄村，一个小生命呱呱坠地，他就是洪战辉。

1994年8月的一天，洪战辉的命运发生了很大改变。那天中午，洪家发生了一件震惊全村的事——洪战辉的父亲突然发疯，不但砸坏了家里的东西，还殴打自己的妻子。他患有间歇性精神病，1岁大的小女儿也被他摔死了。

而此时的洪战辉正在小学五年级读书，还没满12岁。这年腊月二十三，疯疯癫癫的父亲临近中午还没回家吃饭，洪战辉就和妈妈一起去找，结果在离村5里地的一棵树下发现了父亲，他手里正抱着一个不知从哪拣到的女婴，慈祥地看着。

无奈之下，一家人把那婴儿抱回了家。洪战辉给女婴起了名字叫洪趁趁。

1995年8月21日，母亲不堪家庭重负和疯丈夫的毒打，选择了悄然出走。

一夜之间，13岁的洪战辉突然长大了。他稚嫩的肩膀开始接过全家生活的重担：抚养幼小的洪趁趁，伺候患病的父亲，照顾年幼的弟弟，寻找离家出走的母亲。

　　这时，洪战辉已进入西华县东夏镇中学读初中，学校离家有两三公里。每天上学时，因为怕父亲病情发作伤害小妹妹，他就把小妹妹交给自己的大娘照看，放学回家后，又忙着准备全家人的饭。女婴还在哺乳期，家里没有奶，没办法，洪战辉只好抱着女婴向附近的产妇们讨奶吃。可是天天讨奶也不是办法，洪战辉开始学着卖鸡蛋、卖冰棍挣钱买奶粉喂养妹妹。

　　在读初中的三年中，洪战辉无论是在早上、中午，还是下午、晚上，都步行在学校和家之间，及时照顾全家人吃饭。

　　1997年7月，洪战辉初中毕业，成为东夏镇中学考上河南省重点高中西华一中的3个学生之一。

　　来到县城读书后，一切开支都大了起来，而且高中的学习压力也是初中所比不了的。但是洪战辉知道，如果失去了经济来源，父亲的病情好转、弟弟和妹妹的生活以及自己美好的理想都将成为空谈，所以，打工挣钱成了洪战辉繁重学业之外最大的任务。

　　"没办法，我要读书，要养家，就必须想办法挣钱！"从此，洪战辉在校园里，利用课余时间卖起了圆珠笔芯、书籍资料、英语磁带等，"鞋垫、袜子，只要能挣钱的我都卖"，他用微薄的收入维持着全家的生活。

　　高中生像小贩一样在校园推销是被人瞧不起的，甚至引起了一些师生的反感。一次，在某班推销的时候，该班班主任老师毫不留情地将他赶出了教室："你是来读书的还是来当小贩的？家里再困难，这种事也应该让你父母去做，你现在的任务就是好好学习！"但老师哪里知道他的父母是怎样的情况。

　　洪战辉没有辩解，强忍泪水，收拾了东西就走。

　　2003年6月，断断续续读了5年高中的洪战辉，终于迈进了高考考场。考试成绩出来，洪战辉以490分的成绩被湖南怀化学院录取。但5200元的学费和要照顾妹妹的事让他很是为难！利用暑假，他打工挣了2000元，他决定先到湖南看看，就把妹妹托付给了大娘。

　　大学新生报到那天，他交了1500元学费后，就又干起了老本行做"小商贩"。当他看到许多报到的新生纷纷向家里打电话时，就四处询问电话卡的销售途径。最后找到一位电话卡销售商，把身上仅有的500元全都买了电话卡，当天就卖了一百多张，两三天后竟赚了六七百元。

为了挣钱，洪战辉可真是想尽了办法，后来他还代理复读机、电子词典和化妆品在湖南怀化学院的总经销，并且垄断过学校19栋学生宿舍的纯净水供应和电话机的安装等业务。

学校得知洪战辉的家庭情况后，就破例单独给他安排了一间寝室，方便他照顾妹妹。在学院的帮助下，洪战辉还在学院附近的怀化市鹤城区石门小学为妹妹办好了插读手续。

洪战辉的事迹感动了学校的老师，一些老师纷纷解囊相助。有一次，老师捐了3190元，当老师把这些钱交给洪战辉时，他退却说："比我困难的同学有的是，更重要的是我现在已经知道了怎么去养活自己了。"他坚决没有收下。无奈之下，学校只好冲抵了洪战辉的部分费用。

洪战辉说："我会牢牢记住每个帮助过我的人，我要成立一个基金来帮助更多的人……我要告诉那些处于贫困中、挣扎中的人们，要保持一种平和的心态，不要怨天尤人，最重要的是你应该怎么去改变自己，用什么样的方式去改变自己。"

苍天不负苦心人，考入大学后，每年春节回家，他都能欣慰地看到久病的父亲病情大有好转；2004年年底，母亲也因为内疚而回到了久别的家；在外漂流了多年的弟弟如今也有了消息。现在洪战辉一家人又恢复了以前的平静和幸福。

◎故事感悟

困难对每个人来说都是一座山。有些人认为是不可逾越的，无法达到山顶的；而有些人却一点一点地向上攀登，经过不懈的努力，终于到达顶峰，一览众山小。

◎史海撷英

希望工程

希望工程是团中央、中国青少年发展基金会于1989年发起的一项公益事业，希望工程的目的是为了救助贫困地区失学的少年儿童。

希望工程是一项了不起的事业。1990年9月5日，邓小平亲自为希望工程题名。自1989年10月希望工程实施以来，到2009年，希望工程累计接受海内外捐款20多亿元，资助贫困学生250多万名，援建希望小学9508所——每100所农村小学中，就有两所是希望小学，还培养了2300多名小学（含农村小学）教师。

通过科技部中国科技促进发展研究中心评估表明，希望工程已经成为中国20世纪90年代社会参与最广泛、影响最大的民间社会公益事业。

中国大学生自强之星

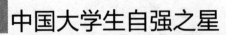
◎志向是人生前进路上不可或缺的灯塔。——格言

莫志琴出生于湖北省十堰市一个普通的工人家庭，父母靠着微薄的收入养育着她和弟弟，生活不富裕，但却也安静祥和。那些骑在父亲背上嬉戏，一家人在一起讲故事、猜谜语，衣食无忧的幸福日子，曾令别人羡慕不已。

然而，1996年8月的一天，父亲因为一场车祸永远地离开了他们，那年莫志琴仅有10岁，弟弟也只有5岁。家庭的突然变故，一度曾让妈妈痛心欲绝，为了照顾她和弟弟，母亲选择了坚强，并且一个人扛起了生活的重担。

祸不单行，没过多久，母亲也下岗了，这简直使原本艰难的生活更加雪上加霜。对于年幼的莫志琴来说，昔日一家四口围坐桌前共享晚餐和欢歌笑语的场面不见了，而她却要开始学会承担比同龄孩子更多的责任：帮母亲照顾弟弟，做家务。莫志琴的幸福童年就这样过早地结束了。

过早地承受生活的重担，使莫志琴愈发感到读书的重要，因此分外珍惜在学校的时光。懂事的她还要用成绩让母亲高兴，因为每次看到她成绩单上优异的成绩时，疲惫的母亲就会露出久违的笑容。

中学时代，莫志琴刻苦学习，高三时她就被批准入党，成为一名光荣的共产党员。2005年，她终于圆了自己的大学梦，考上了河南农业大学原农学院（现为烟草学院），实现了知识改变命运的第一步。

金榜题名带给莫志琴的除了喜悦，还有一年几千块钱的学费压力。幸运的是，在老师的帮助下，莫志琴申请到了国家助学贷款，顺利跨进了大学校门。

学费暂时不用发愁，但为了尽可能地减轻家庭的负担，大学四年，莫志琴一直在学校勤工俭学，同时还不断地尝试着家教、促销员、发传单等兼职工作。尽管在奔波中也上过当，吃过亏，但莫志琴一直坚持做了下来。

"我默默地告诉自己，社会有它复杂的一面，我需要适应。每当受到委屈时，我总会想起十几年如一日养育我们姐弟的母亲，所有的坎坷都变得不值一提。"莫志琴说得很坚定。

大学四年，莫志琴比其他人付出了更多的辛劳却从不叫苦，她说："经历了许多，我只想用微笑面对人生。无谓的埋怨是愚蠢的，我们要用自己的双手改变命运。"

大学四年，莫志琴积极参加学校的各种活动，还从院学生会办公室的干事干到校学生会副主席。在这期间，她参与组织了河南农业大学元旦晚会、河南省大学生诚信校园辩论赛等一系列活动，先后获得了省"三好学生"，省大中专学生暑期"三下乡"社会实践先进个人等荣誉，还参加了河南省高校"双强双优"学生干部培训班并顺利结业。

莫志琴直面困难、笑对人生的精神赢得了师生的赞许，在不久前由共青团中央、全国学联等单位联合主办的2008年度"中国大学生自强之星"评选活动中，她被学校推荐并顺利入围，同时荣获"中国大学生新东方自强奖学金"。

面对荣誉，莫志琴的反应却平淡而低调："这些都只能代表过去，我也不希望因此而让周围的同学感到我和他们有什么不同。"

◎故事感悟

童年丧父，母亲又下岗，莫志琴小小年纪就经历了人生的苦难。但她并没有被困难吓倒，她自立自强，通过自己的辛勤劳动，承担着家庭的重担，同时又圆了大学的梦。有多少汗水和努力，就有多少收获。莫志琴收获了春华秋实，为那些曾经历坎坷生活的青少年作出了榜样。

◎文苑拾萃

湖北十堰市回龙寺

位于湖北省十堰市茅箭区瞿家湾的回龙寺，古时被称做鄂西北郧阳府八大名刹之一。寺院建在形如盘龙卧虎的山包上，寺旁有两口清澈见底的水井，犹如龙的眼睛。由于马家河从寺前蜿蜒流过，恰如蛟龙回游，因此得名回龙寺。

该寺于元末时候建成，分前、中、后三殿，左右有厢房 42 间，建筑面积达1094 平方米。寺院的建筑风格凝秀，古朴。前殿列有四尊石雕，称四大天王，个个形体伟岸，威严神骏，栩栩如生。后殿列有八尊菩萨金身，它们也是各具神态，形象逼真。楼阁上绘有巨幅壁画，壁画笔触细腻，色彩艳丽。

小巧玲珑的泰山庙和娘娘庙立于寺前两侧，还有明代建筑照北塔与回龙寺相呼应。回龙寺背靠青山，山峰起伏连绵，山上林木茂盛葱茏，环境十分幽雅，景色格外宜人。山下周围栽满了果树，花开时节或果实成熟时，姹紫嫣红，烂漫似锦。

1989 年，寺院得到了修整。现存建筑有前殿、大雄宝殿、观音殿、伽蓝殿等，寺内还有四块碑刻，都是重修碑记。

以前这里是传播佛教的圣地，有人甚至说这座寺院建于唐代，可见其历史多么悠久。无论是不是建于唐代，其历史至少在 800 年以上，无愧为十堰唯一的千年古刹了。

ZHONGHUACHUANTONGMEIDEBAIZIJING

中华传统美德百字经

志·励志自强

第三篇

持之以恒

居贫贱而壮志凌云

◎人遇逆境，无可奈何而安之若命，固是见识超
卓。然君子用以力学，借困衡为砥砺，不但顺受而
已。——《荆园进语》

王充（27—97年），字仲任，会稽上虞人，东汉哲学家，著有《讥俗节义》、《政务》、《论衡》、《养性》等书，但只有《论衡》保存下来。

王充，东汉时期的唯物主义哲学家。在他小的时候，不像别的孩子一样喜欢捉鸟、捕蝉、爬树。似乎在童年生活中，这些娱乐活动他根本就没有兴趣。他的父亲王诵对此感到很惊奇。

王充很懂礼貌，对人谦和，处事冷静，些似乎与他的年龄有些不太相符，很有些成年人的气派。因为他很听话，父亲连一个手指头都没有动过他，母亲也没有责备过他。

六岁的时候，王充就开始学习识字，八岁就已经进书馆读书了。

王充进了一所很大的学馆，其中有一百多个孩子因为违犯馆规而受到了书馆先生的责罚，当然也有因为没有好好写字而受罚挨打的，但无论怎样的责罚，都不会轮到王充的头上，因为他做的每件事都令人满意。

在学习《论语》和《尚书》的过程中，王充甚至每天可以背诵上千字。当然，有一个好的记忆力很关键，但他的学习态度决定了他可以做到这些。

就这样，读懂了经书的王充开始研究学问，研究自己喜欢的东西。王充喜欢写文章，他觉得写文章和做人一样，要有一个平和的心态，这样，认识问题才会客观。严谨的治学态度，使他得到了很多人的认可。

王充不太愿意表现，也从不张扬，很少能看见他与人争辩，除非遇到聊得十分投机的人，否则一天连一句话也懒得说。

后来，王充到了京师洛阳，在太学学习，拜班彪为师。喜欢读书的他，因家境贫寒，买不起书，他就跑到洛阳卖书的地方，一待就是一天。他有着惊人的记忆力，书看一遍就能记住，并且能背出。就这样，王充广泛地通晓了各家各派的学说。

王充穷得没有一亩地可以养身，但心情却比王公大人还要舒畅；他卑贱得没有一斗一石的俸禄，而内心却和享有俸禄的人相似；他做了官不欣喜若狂，丢了官也不怅恨不已。在安逸快乐的时候，他不放纵自己的欲望；在贫穷困苦的时候，他也不改变自己的志向。他贪婪地阅读古文，爱听异端之言。当时流行的书籍和俗说有很多不妥之处，他便决心著书。他开始深居简出，闭门谢客，考证书中的虚实真伪，忙得连亲戚邻里的喜庆丧事都不去参加。

经过30多年的不懈努力，王充终于写出了多达20多万字的《论衡》85篇。

◎故事感悟

王充的一生是立志学习的一生。他用毕生的精力去研究学术、探讨人生，把满腔的热忱献给了他深爱的"事业"。他从不计较个人的得失荣辱，他这种奋发进取的精神，值得现在人学习。

◎史海撷英

汉章帝封侯外戚

东汉光武、明帝两朝，吸取了西汉王莽篡位的教训，不再给外戚封侯，以避免他们干政。

马太后的兄弟马廖、马防、马光虽然在明帝朝中做官，但马廖也只不过做到了虎贲中郎，而马防、马光都不过是黄门侍郎，始终得不到晋升。但章帝即位后，马上就提拔马廖为卫尉、马防当中郎将、马光做越骑校尉。

如此一来，马氏兄弟开始得意忘形，趾高气扬起来。而一些善于见风使舵的官僚和清客也争相趋附，一时间害得朝内是乌瘴气。虽然有司空第五伦等人在极力劝谏，但章帝仍然置若罔闻。

不久，章帝又想为舅舅马氏等人封侯拜爵，马太后担心有损成法招来不满，所以坚决不允许。马太后的一席话把章帝说得只有俯首受教，唯唯而退。

建初三年（78年），马太后去世。这年，章帝又册立窦融的曾孙女为皇后，于是，外戚窦氏的势力迅速发展了起来。

◎文苑拾萃

《论衡》

《论衡》被世人称为"疾虚妄古之实论，讥世俗汉之异书。"《论衡》为东汉王充所著，大约于汉章帝元和三年（86年）写成，现存有85篇文章。

东汉时期，儒家思想在意识形态领域里占据了统治地位。与春秋战国时期有所不同，这时的儒学被打上了神秘主义色彩，掺进了谶纬学说，以致使儒学变成了"儒术"。其集大成者是皇帝钦定的《白虎通义》，《白虎通义》还曾为"国宪"和经典。王充的《论衡》一书就是针对这种儒术和神秘主义的谶纬说进行批判。

《论衡》一书通过细说微论，解释了世俗之疑，揭示了是非之理，也就是以实为根据，不作虚妄之言。衡字本义是天平，《论衡》的意思就是评定当时言论价值的天平。其目的是"冀悟迷惑之心，使知虚实之分"（《论衡·对作》篇），所以，它是古代一部伟大的唯物主义哲学著作。

浪子回头写三言

◎男子千年志，吾生未有涯。——宋·文天祥《南海》

冯梦龙（1574—1646年），字犹龙，又字子犹，号龙子犹、墨憨斋主人、顾曲散人等，南直隶苏州府长洲县（今江苏省苏州市）人，是明代文学家、戏曲家。他的作品比较强调感情和行为，最有名的作品为《喻世明言》（古今小说）、《警世通言》、《醒世恒言》，合称"三言"。三言与凌濛初的《初刻拍案惊奇》、《二刻拍案惊奇》合称"三言两拍"。三言二拍是中国白话短篇小说的经典代表。

　　冯梦龙自幼受过良好的教育，年轻时就曾编著过《春秋衡库》、《四书指归》等解释四书五经的书籍，可奇怪的是，他多次参加科举考试却都名落孙山。

　　考场失意使冯梦龙对当时应考的八股文深恶痛绝。这种八股文以四书五经中的一句话为题，要求读书人按照死板的格式，作毫无生气的概念文章。

　　同时，冯梦龙对通过科举考试步入仕途也完全失去了信心。从此，他破罐子破摔，经常到酒楼歌肆消愁解闷，打发时光。

　　后来，他痴迷于一名歌妓，可是那个歌妓却嫁给了一个有钱有势的人。他一怒之下，便绝迹青楼。

　　冯梦龙认真反省了自己的过去，觉得再也不能这样虚度年华，大丈夫应当有所作为。于是，他结束了浪荡生活，发奋读书。渐渐地对反映市民生活的通俗文学作品表现出了极为浓厚的兴趣，以多种笔名发表了大量的通俗小

说作品。他把宋元以来说唱文学的口头创作阶段推进到作家的书写文学阶段，这在我国古代文学史上占有十分重要的地位。

冯梦龙一面自行创作，一面将前人流传下来的作品加以删改修饰。"三言"中有很多作品人物形象鲜明，情节曲折，基本上反应了明代封建地主阶级逐渐衰落、市民阶层逐渐兴起的时代风貌。其中，有些篇目如《玉常春落难寻夫》、《金玉奴棒打薄情郎》等都改编成了戏剧，至今常演不衰。

有意思的是，冯梦龙57岁那年，抱着试试看的心情，又参加了一次科举考试，竟然考取了贡生，做了官。65岁时，他弃官回乡，重操写作旧业。71岁时，他还编写了《甲申纪事》一书。

◎故事感悟

浪子回头金不换。冯梦龙曾经沉迷于歌肆酒楼，但梦想的再次拾起却注定了他一生的不平凡。冯梦龙痴迷于写作，终成大器，这与他的雄心壮志是息息相关的，留给后人很多思考。不论何时，立志做事总比沉沦堕落强。

◎史海撷英

露梁海战

明朝万历年间，日本国内政局发生重大变革。丰臣秀吉为了缓解国内矛盾，巩固自己的统治，就把国内的注意力转向国外，制订了占领朝鲜，征服中国，进而向南洋扩张的军事侵略计划。

丰田秀吉首先向朝鲜提出了"假道入明"的狂妄要求，结果遭到了朝鲜政府毫不客气地拒绝。于是，万历二十年（1592年）四月十三日，气急败坏的丰臣秀吉发动了侵朝战争，日本称之为"文禄庆长之役"，也即是中国所谓的"壬辰倭乱"。

◎文苑拾萃

《情史》

　　《情史》是由明代文学家冯梦龙编撰的一部短篇小说集，书里都是历代笔记小说和其他著作中关于男女之情的故事。

　　《情史》是冯梦龙的重要作品之一。他深知"情"的感染力比枯燥乏味的说教要大得多，所以，他在《序》中写道："我欲立情教，教诲诸众生。"他对那些纯洁、忠贞的高尚情操表示同情和赞扬，也对那些肮脏、丑恶的庸俗情调表示愤慨和鞭挞。

王夫之归隐论"春秋"

◎夫有其志必成其事，盖烈士之所徇也。——曹操

王夫之（1619—1692年），字而农，号涢斋，别号一壶道人，湖南衡阳人，汉族，晚年居衡阳之石船山，世称"船山先生"。王夫之是明末清初杰出的思想家，哲学家，与方以智、顾炎武、黄宗羲同称明末四大学者。王夫之学问渊博，对天文、历法、数学、地理学等均有研究，尤精于经学、史学、文学。其主要著作有《周易外传》、《周易内传》、《尚书引义》、《张子正蒙注》等。

王夫之年少时聪颖过人，才华出众。他4岁时就跟从长兄王介之读书，7岁时读完了十三经，14岁时考中了秀才，16岁时开始学习诗文，他读过古今诗文不下10万首。

少年时的王夫之就开始留心政务，喜欢向人们询问各个地方的事情，像那些山川险要、物质生产、典章制度的沿革等方面的问题，他都认真地钻研。

王夫之年轻时曾考过举人。张献忠的农民军经过湖南时邀他参加，被他拒绝。清军攻入湖南，他举兵反清，失败后在南明桂王政权中仟过小吏，南明政权的腐败使他触目惊心。

1653年，王夫之逃到湖南西部的耶姜山，开始了他屏迹幽居的生活。在这动荡的历史时期，这种屏迹幽居的生活也很难长久。

1654年，清廷恢复在湖南的统治，下令"薙发"，让汉人保持和清人一样的发式。王夫之拒绝"薙发"。他改换姓名，变易衣着，浪迹于荒山野岭之间。

在极其艰苦的条件下，王夫之仍然坚持著述，并且先后完成了《老子衍》、

《黄书》等著作。

1658年，王夫之返回家乡的"续梦庵"。次年秋天，完成了《家世节录》，这时王夫之已经40岁了。

1662年，南明政权覆灭了。悲痛之余，王夫之感到大势所趋，匡复明朝的愿望已成泡影，便痛下决心，隐居著述，不再以为抗清而南北奔波为要。他要对汉民族自取败辱的教训做出理论总结。

在此后几年中，王夫之先后完成《尚书引义》、《读四书大全说》、《春秋家说》、《春秋世论》等反映其哲学、政治思想的重要著作。

1675年，王夫之迁居到石船山下，建造了一个茅草房，居住下来。他称之为"湘西草堂"。在这里，王夫之度过了余生的17个年头。

在这17年中，王夫之发奋著述。故国灭亡的灾难和痛苦在时时地折磨着他，总结亡国灭家历史教训的责任感和使命感在催促着他。他每天天未明就起来读书写作，一直到深夜。白天热了，他就打开窗子；夜晚昏暗，他就伴着孤灯。他对十三经、二十一史以及张载、朱熹的遗书进行仔细再三地阅读和研究。有时饥寒交迫，死亡随时都可能降临到他的头上，但他毫不在意，仍然在克服生活困难的同时继续钻研。

到了暮年，王夫之体弱多病，磨墨、拿笔都很困难，他还常常把笔墨放在床榻旁边，竭力地去编纂、去注释、说明，笔耕不辍表现出炽热的爱国主义精神和顽强坚毅的治学意志。他的史学名著《读通鉴论》、《宋论》以及《楚辞通译》、《周易内传》、《诗广传》、《噩梦》、《张子正蒙注》、《庄子通》、《俟解》、《夕堂永日绪论》等重要著作都是在这一时期完成的。

1691年，王夫之已73岁了，他患病很长时间，哮喘、咳嗽，但仍不停地阅读着。1692年正月，他病故于石船山下的湘西草堂。

王夫之的丰富著述展示了他卓越而智慧的思索，散射出许多进步思想的光芒。

王夫之的治学思想和治学方法也是比较进步的。他主张学与思兼用。他说"学非有碍于思，而学愈博则思愈远；思正有功于学，而思之困则学必勤"。

◎故事感悟

故国遭难，山河破碎，令王夫之寒心不已，最终归隐田园，发奋著书。虽贫寒，却改变不了王夫之的初衷；虽年老体衰疾病缠身，却移不去哲人的故国情怀。

◎史海撷英

明末农民起义

明崇祯元年（1628年）七月至十七年（1644年）三月，李自成、张献忠等部率领农民军，经过从小到大的发展、从分散到集中和从游击流动到运动流动的战斗，终于推翻了明朝的统治。

该农民起义军运用的战略策略非常好，渑池突围完成了战略转移，后来从流动作战转为阵地战，从而避免了不利条件，变被动为主动，战斗力非常强，大大胜过了明军。但是明末农民起义失败的教训也同样十分深刻。

◎文苑拾萃

玉楼春·白莲

（清）王夫之

娟娟片月涵秋影，低照银塘光不定。
绿云冉冉粉初匀，玉露泠泠香自省。
荻花风起秋波冷，独拥檀心窥晓镜。
他时欲与问归魂，水碧天空清夜永。

立志探求新知识

◎天行健，君子以自强不息。——《周易》

华蘅芳（1833—1902年），又作华衡芳，字若汀，江苏金匮县（今属江苏无锡）人，清末数学家。少年时期的华蘅芳便喜欢数学，14岁时便读通程大位的《算法统宗》。咸丰十一年十一月（1861年12月），江苏巡抚薛焕介绍徐寿、华蘅芳做曾国藩幕僚，至安庆大营，官直隶州知府。他精研算理。同治元年（1862年），他与徐寿制成中国第一台蒸汽机。曾国藩在日记中写道："窃喜洋人之智巧我国亦能为之，彼不能傲我以其所不知矣！"1873年，华蘅芳与傅兰雅（J·Fryer）合译《代数学》《微积溯源》。光绪十五年（1889年）华蘅芳在天津武备学堂试制氢气球。光绪二十八年（1902年），华蘅芳去世。

在华蘅芳7岁时，鸦片战争爆发了。鸦片战争的炮声使一些人的思想受到很大震动，逐渐感受到了学习先进科学技术的重要。在华蘅芳幼小的心灵里，也发出了读"四书五经"到底有什么用的疑问。

少年的华蘅芳立志要探求新知识，可当时整个中国没有一所传授新知识的学校，华蘅芳到哪里去寻求新知识呢？华蘅芳想来想去，唯有自学。他从徐寿那里借来《算法统宗》，此书专门讲述中国珠算演算的算理和方法。此书共17卷，华蘅芳只借到一卷，却如获至宝，朝夕研读。

为了获得新知识，他不畏艰难，在没有老师指导的情况下，硬是闯过了一个个难关，把这本书读懂弄通了。这次学习使华蘅芳尝到了学习算学

的甜头。他觉得，在算学里边有深奥的学问，从此便把注意力集中在钻研算学上。

在其16岁那年，华蘅芳偶然在父亲的乱书堆里发现一本画有各种图式的旧书，便好奇地拿起来翻阅。原来这是清朝以前刻印的一本中国古算书，不仅缺头少尾，并且字迹也模糊不清。即使这样，他也非常珍惜，终日废寝忘食，在房中苦心研读。只用了短短几个月时间，华蘅芳就领会了这本古算书残卷的全部内容。

华蘅芳不仅搞通了古算学的珠算解题法，而且领略了一些古算理。他觉得算学有明显的实际用途，便更加坚定了他钻研算学的志向。

在随后的日子里，他先后学习了《周髀算经》、《九章算术经》、《孙子算经》、《王曹算经》等许多种中国古代算术。这些算书都是历代流传下来的中国古代算学名著，这么多书，又这么深奥，从何学起呢？

华蘅芳决定抓住重点，各个击破，一个问题一个问题地解决，逐步攻下古代算学这个堡垒。

从16岁到19岁，华蘅芳几乎足不出户，每天伏案沉思，对上自秦汉下至明清时期的中国古代大量算学著作进行了比较全面、比较系统的学习和钻研，从中汲取了丰富的营养，从而向近代数学新的制高点攀登。

华蘅芳开始向近代数学探索，可是他再也找不到这类参考书了。正在他十分苦恼的时候，听说上海有个数学家正同外国数学家伟烈亚力合作，翻译国外科学著作，这对华蘅芳来说太有吸引力了。

于是，华蘅芳急忙来到上海，借来了已经译出的《代微积拾级》手稿，在旅馆中逐字逐句地抄录下来。对此，他心里有说不出的愉悦，下决心一定要把这部外国算学著作的奥妙研究明白。

华蘅芳经过多年的探索，在吸取我国古代算学遗产的基础上，先后写出了《行素轩算稿》、《算法须知》、《西算初阶》等著作，此外还翻译了大量国外数学著作。积跬步以至千里，华蘅芳终于登上了世界近代数学的制高点，成了当时中国著名的数学家。

◎故事感悟

不积跬步，无以至千里。然而从事实看来，华蘅芳的"跬步"走起来该是如何地艰难，但只要立定志向、持之以恒就能解决一道又一道难题，走到胜利的彼岸。

◎史海撷英

珠 算

珠算是以算盘为工具进行数学计算的一种方法。

据记载，珠算一词最早出现在徐岳所写的《数术记遗》一书中。《数术记遗》中这样记述道："珠算，控带四时，经纬三才"。

北周的甄鸾为此作注，大意是：把模板刻成三部分，上下两部分用来停放游珠，中间一部分用做定位。每定位各有五颗珠，上面一颗珠与下面四颗珠用不同的颜色加以区分。上面一珠当五，下面四珠，每颗当一。从中可以看出，那时的珠算和现在通行的珠算还是不完全相同的。

明朝时期，珠算逐步传入到日本、朝鲜、泰国等国家。明代的商业经济比较发达，由于商业发展的需要，珠算术得到了普遍推广，取代了筹算。明洪武四年（1371年）新刻的《魁本对相四言杂字》是现在载有算盘图最早的书。

不过，现存最早的珠算书则是闽建（福建建瓯县）徐心鲁订正的《盘珠算法》（1573年）。而流行最广、历史影响最大的珠算书要数明程大位编的《直指算法统宗》。

目前，算盘已被国务院列入第二批国家级非物质文化遗产目录。

◎文苑拾萃

华蘅芳故居

1998 年，江苏无锡市锡山区鹅湖镇镇党委、镇政府投资，在位于荡口进步街新当里修缮了华蘅芳的故居。

修建后的华蘅芳故居属于三进四合院式的晚清建筑，是典型的江南风格的民居，占地面积为 1600 平方米。该建筑有五间正堂，两边有厢房各三间，另有两间前厅。

现在，华蘅芳故居已经形成了一个比较完整的爱国主义教育基地。

壮志未酬身先死

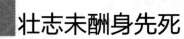

◎虚负凌云万丈才，一生襟抱未曾开。——唐·崔钰
《哭李商隐》

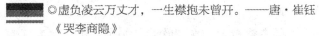

1901年3月31日，徐建寅在简陋的汉阳钢药厂厂房里正为已经试验成功的硝化纤维无烟火药的投产做最后的准备。可正当他和工人们一起搅拌药料时，不料机器磨热，起火炸裂，顿时声如霹雳，火光烛天。徐建寅这位优秀科学技术专家和十几名工人一起英勇殉职了。

徐建寅殉职时未满六旬，但他以自强不息的精神投身科技救国已有40余年。

在徐建寅17岁时，他开始随父亲在安庆军械所参与研制成功中国第一艘轮船。后来应李鸿章征调，到天津制造局负责研制作为火药重要原料的硝酸。

1875年，由山东巡抚丁宝桢委派，徐建寅任筹建中的山东机器局总办。他"躬自制造，未尝延用洋人"，两年时间建成一座制造枪炮弹药的兵工厂。

光绪五年（1879年），李鸿章推荐徐建寅以驻德参赞的身份，到德国以及英法考察，为筹建中国海军寻购主力战舰。

为了完成好任务，徐建寅给自己提出了严格的要求。"寻购"不能是照"样"订货，必须根据世界战舰发展现状和我国的实际需要，提出设计思想来委托定制。他首先向德国铁甲舰的权威请教，看演习，详询问，持续数日，确定初步的设计思想。

在访问的日子里，他先后考察了德国、英国多家造船厂、海军基地乃至海军部，调查了解，征求意见，比较各舰的优劣长短，并让他们"核实价格，以便比较"。斟酌再三，最后才和德国优尔铿船厂签订合同，并对船、炮设计提出详尽的具体要求，弥补了德国现行铁甲舰的不足。

在后续建造中，他亲自译出德、英两国海军部颁发的造船规章和验收章程，严格按规程办事，并派两名中国留学生驻厂日夜监工。他自己也不时到船台查验，以保证战舰质量。

为使中国海军真正拥有"坚船利炮"，徐建寅可以说是耗尽心血。后来命名为"镇远"、"定远"的两艘北洋水师主力舰，其吨位、装甲、火力配置和性能在当时国际上都堪称一流水平。

徐建寅十分珍惜这次宝贵的考察机会。在"欧游"20余月里，除为订购军舰奔波于德、英、法三国并监督施工外，他还参观、考察了80多家工厂和科研单位，了解了近200项工艺设备和管理方法，足迹遍及这三国的重要军工基地和工厂，日程表上排的除了工作，还是工作。

在工厂，他从设备运转、生产流程到实际操作都详细询问，并逐一做了记录。在矿井，他手持油灯，和工人一起上下百余级木梯，下到井底去亲眼察看开巷、掘进、开采。即便是路过偶尔发现的优于中国的河闸，他也不放过，画在自己笔记本上。在他的游欧日记中，记载了许许多多当时世界上最先进的宝贵金属加工工艺和设备以及一些先进的管理方法。所有这一切，都是为了实现他富国强兵、科技兴国的梦想！

但令人痛惜的是，徐建寅苦心觅购来的北洋水师主力舰，尽管技术和装备一流，然而由于政治腐败，在不久爆发的甲午海战中竟全军覆没，葬身海底。

◎故事感悟

徐建寅，一个壮志未酬身先死的典范，在数十年的职业生涯中对自己的要求始终如一。为建立强大的中国海军，他不辞辛苦，奔波往来于三国之间，以他的辛勤与汗水及对科学的认真态度，建造了当时最好的战列舰。

◎史海撷英

中日甲午战争

中日甲午战争于1894年爆发。根据中国干支纪年，时年为甲午年，所以该战争也被称为甲午战争。

　　在这次战争中，清政府战败，并被迫签订了继《南京条约》后又一个丧权辱国的《马关条约》。

　　这次战争的失败，使中国半殖民地化速度进一步加快，民族危机日益深重，同时也促使中华民族开始觉醒，陆续掀起了资产阶级维新运动和义和团反帝爱国运动。

　　与此同时，清政府也迫于时势的压力，开始变革军事制度，这是中国近代军事改革进入实质性阶段的开始。

◎文苑拾萃

天津机器制造局

　　天津机器制造局，简称"天津机器局"是清朝时期的官办军用企业。天津机器局由三口通商大臣崇厚于 1867 年创设于天津，开办经费达 20 余万两，规模仅次于江南制造局。9 年后天津机器局由直隶总督李鸿章接办，从天津、烟台两海关拨用"四成洋税"，每年约 30 余万两白银用做常年经费。

　　从 1880 年起，每年又在户部西北边防饷内增拨 1 万两白银。14 年后，再另外从海军衙门拨支洋药厘金来补助常年经费。

　　天津机器局分为东、西两局。东局设在城东贾家沽，主要制造火药、枪炮、子弹和水雷。西局设在城南海光寺，主要制造军用器具、开花子弹和布置水雷用的轮船及挖河船。

　　这两个分局所制造的军火不但供应本省淮练各军、兵轮和炮船，还按时拨给吉林、奉天、察哈尔、热河和分防在江南的水陆淮军。

　　在东局，还附设有水师、水雷、电报学堂，后来在八国联军侵占时遭到了破坏。

鲁迅立志救国

◎水激则旱兮，矢激则远。——汉·班固《汉书·贾
谊传》

> 鲁迅（1881—1936年），字豫才，原名樟寿，字豫山、豫亭，以笔名鲁迅闻名于
> 世。鲁迅是浙江绍兴人。他是20世纪中国重要的作家，新文化运动的领导人、左翼文
> 化运动的支持者。中华人民共和国评价他为现代文学家、思想家、革命家。鲁迅的作
> 品包括杂文、短篇小说、评论、散文、翻译作品，他的作品对五四运动以后的中国文
> 学产生了深刻的影响。

从清末到20世纪的前半叶，我们国家处于水深火热之中。在国际上，中国没有国际地位，也没有发言权。那时候，有人就把中国人叫做"东亚病夫"。

那个时候，有许多青年人立志要改变中国的现状，让中国人不再是"东亚病夫"，要中国变成"东亚雄狮"。

为了实现这个目的，有许多人决定出国留学，学习外国先进的科学技术，回来建设中国，鲁迅便是其中的一员。

经过反复思考，鲁迅决定学习医学。因为当时他认为，我们打不过外国人是因为中国人身体不好。西方人都比我们高大，比我们健壮。等学了医，就可以回国帮助大家提高身体素质，那样，外国人就不敢欺负我们了。于是，为了学医，鲁迅来到了日本仙台，在那里刻苦攻读医术。

有一次，学校组织学生们看新闻。那时学校里没有电视，用放映机放了一段日本人在中国杀害中国百姓的新闻。鲁迅看了十分气愤，痛恨日本的暴行，但更痛恨自己的同胞，居然围在周围看日本人杀害自己的国人却无动于衷。

这样的情景深深地刺痛了鲁迅，他开始重新思考。为什么那些围看杀人的中国人会这样呢？这样的人就算有强壮的身体又有何用？如此看来，学医是没什么用了。他开始重新寻找救国救民之道。

后来鲁迅渐渐明白了，中国人缺少的是救国思想，只有医治好这个"病"才能救中国。但怎样才能医治好中国人的思想之病呢？鲁迅想到了写文章，用文章来向人们传达救国思想，让大家知道怎样救中国的道理，他们才会去努力救国。

因此，鲁迅毅然决定弃医从文，树立起用文学创作来启发百姓的理想。他一生创造了大量启发民心民智的作品，影响了无数人，使他们走上了革命的道路，为中国崛起献出了自己的力量。

由于鲁迅的作品无情抨击地了当时的统治阶级，特别是国民党政权，致使他常常身处险境，时刻受到生命威胁。但为了写出更多更好的作品，他几乎不舍得休息，像挤海绵一样把时间一点点挤到创作上来。正如鲁迅自己所说的那样："我是把别人喝咖啡的时间也用到写作上来了啊。"

20世纪30年代，因为过于劳累，鲁迅的身体越来越差，不久就离开了人世。他为了中国人民的解放奋斗了一生。虽然在他去世的时候中国还没强大起来，但是今天，我们的祖国已经强大起来了，这不能说没有鲁迅先生的功劳。

◎故事感悟

鲁迅生为国人喉舌，死为国人"牛马"。他一生立志谋求救国救民之道，冷对千夫指，甘为孺子牛，针砭时弊，留下了千古长存的浩然正气。

◎史海撷英

洋务学堂

洋务学堂是指出现在近代的新式学校，这种学校都是在洋务运动期间创办的，开设有外语、数学、物理、化学、天文、航海、测算、万国公法、政治学、世界

历史、世界地理等诸多课程。

洋务学堂的出现，顺应了西学东渐的历史趋势，推动了中国社会前进的步伐。洋务教育摒弃了传统科举教育在内容上的狭隘性，首次承认了声、光、化、电、西语、西史、西法的地位和价值，开始了以学习近代科学文化为主要内容的新教育，洋务学堂的集中学习、班级授课、统一招生管理考试等，都有近代教育的基本特征。

洋务学堂还为近代中国培养了第一批翻译人才和外交人才，同时还培养了第一代海军人才和科技人才，这无疑在一定程度上催醒了中国，使之向崛起的新时代迈进。

◎文苑拾萃

别诸弟三首

鲁迅

谋生无奈日奔驰，有弟偏教各别离。
最是令人凄绝处，孤檠长夜雨来时。

还家未久又离家，日暮新愁分外加。
夹道万株杨柳树，望中都化断肠花。

从来一别又经年，万里长风送客船。
我有一言应记取，文章得失不由天。

刘国梁汗水浇出"大满贯"

◎良马期乎千里。——《吕氏春秋》

> 刘国梁（1976—），河南省新乡市人，中国著名的乒乓球运动员，现任中国国家乒乓球队男队主教练。刘国梁是右手直拍两面近台快攻型选手，他是中国第一位世乒赛、世界杯和奥运会男单大满贯得主，他多次获得单打冠军并和孔令辉一起获得双打冠军。刘国梁也是第一位在正式比赛中采取直拍横打技术并取得成功的乒乓球手。2011年1月，刘国梁被授予大校军衔。

　　刘国梁，中国乒乓球第一个拿到大满贯的球员，现为我国有史以来最年轻的乒乓球国家队主教练。

　　刘国梁一直被大家称为天才，但刘国梁自己却不这样认为，他说："其实再好的天才也是要靠后天的努力才能成功。"

　　小时候，刘国梁有一次非常难忘的打球经历。当时，他正在上小学。一天下午，突然下起了暴雨，很多同学放学后都没到体委乒乓球馆训练。刘占胜（刘国梁的父亲兼教练）以为儿子肯定不会来，因为那天儿子没有带雨具。

　　忽然，一个瘦小的身影从雨幕中向球馆冲了过来。刘占胜定睛一看，原来是儿子刘国梁顶着书包跑过来了。他已经淋得浑身透湿，但他没顾得上换衣服就开始了训练。

　　然而，由于淋了大雨长时间没换衣服，刘国梁病了，发起了高烧，母亲心疼得厉害，直掉眼泪。

　　第二天清早，父母便送儿子到医院打吊针，打完针已是下午四五点了。

医生告诉刘国梁的父母，刘国梁至少需要休息三天才能继续练球。

刘国梁一听可急坏了，这怎么受得了？结果父亲刚进体委乒乓球馆，他也立马就赶到了。

看到儿子肯拖着病体坚持练球，父亲的眼眶有点发酸，心里却涌起了一股暖流。他被儿子的精神感动了，为了练球，儿子竟如此"任你东南西北中，咬定青山不放松"，自己的事业也算是后继有人了。

这件事很快传到了刘国梁父母所在的单位，很多不知情的人还略带指责地说："刘家对国梁的教育也太苛刻了吧，这么早就让他练球，连生病了也不放过。"

但是，人们不知道，小小的刘国梁正是凭着这股坚韧不拔的意志和不怕困苦的精神，才一直走到了今天，走上了成功的巅峰。

◎故事感悟

"再好的天才也是要靠后天的努力才能成功。"一句话道破天才的成长路程。此言言简意赅，却发人深省。即便是天才，如果什么也不学，最后恐怕也难以有所成就。

◎史海撷英

1996年亚特兰大奥运会

1996年是现代奥运诞辰的第一百年。这一年的7月19日到8月4日，第二十六届奥运会在美国亚特兰大举行，从而实现了奥运家庭的大团圆。

在这次奥运会上，共设有26个大项目和271个小项目的比赛，来自世界的参赛国和地区共有197个，运动员10788名。各国选手经过17天的激烈争夺，一共打破了25项世界纪录。在这届奥运会上，刘国梁夺得了乒乓球男单冠军和男双冠军的桂冠。

陈龙灿笨鸟先飞

◎志不笃者，不能力行。——宋·杨时《二程粹言》

> 陈龙灿（1965—），四川新都县人，我国著名的乒乓球运动员。他自小喜爱乒乓球，1973年正式开始学球，1978年进入四川省队，1979年进入国家青年队，1983年11月进入国家队。1985年，在瑞典哥德堡举行的第38届世乒赛中陈龙灿击败瓦尔德内尔等名将，获得团体冠军和个人亚军。1986年，世界杯乒乓球赛在特立尼达和多巴哥举行，陈龙灿击败阿佩伊伦、斋藤清、卢传淞和江嘉良，获得冠军。其后转攻双打，同韦晴光合作先后获得第39届世乒赛和汉城奥运会男子双打冠军，此后退役。

陈龙灿，我国著名的乒乓球运动选手。

据悉，陈龙灿当初走上乒乓球运动的道路是在母亲从教的小学。陈龙灿说："我还没有上小学的时候，一年级之前，我母亲是教师，她教一门语文，一门体育，正好她们班上体育课打乒乓球，我也去打。因为个头太矮了就在球桌旁边垫一块砖，就这样开始打的。后来渐渐喜欢上了"。

新都县乒乓球训练班是陈龙灿最早接受专业训练的地方。黄德儒是陈龙灿的启蒙教练，他开始并不看好陈龙灿，只是在一位经常看陈龙灿打球的工宣队代表的极力推荐下，才勉强把陈龙灿列入集训名单。当时陈龙灿刚满8岁。当集训开始后，黄教练面临的却不是陈龙灿乒乓球技术上的问题。

黄德儒教练说："他身体素质很差，来的时候很瘦小。当时我们是集中住宿，他经常尿床。我每天都要检查他们的房间。因为尿床他还不好意思，就

用衣服把尿过的地方遮住，我过去一掀开看见了，就给他拿出去晒。"

爱尿床的陈龙灿在黄教练的指导下打下了扎实的乒乓球基础。

1978年，全国青少年乒乓球比赛。当时担任国家青年队教练的郗恩庭无意中发现了陈龙灿，把他选进了国家青年队。

从那一刻开始，郗恩庭成为影响陈龙灿最深的教练。由于经费紧张，当时国家青年队只在秦皇岛安排了三次大循环赛事的集训。

一开始，陈龙灿的表现无法让郗指导满意，他开始怀疑是否选错了苗子。然而就在这时，一件在训练中发生的事情改变了郗恩庭对陈龙灿的看法。

郗恩庭教练说："那次比赛打得不好，我看他全输了以后他没敢哭。他年龄是最小的，打完他就跑到厕所去了，我以为他上厕所，也跟着去了。我在厕所门外等了他两三分钟，他没出来，我就进去了。就看见他正对着墙，用脑袋撞那个墙。可能就是表明一种心理吧，就是一种发泄，输了自己不服气。陈龙灿的性格比较内向，不太愿意多说话，而且也不愿意表露。所以我心里有一种感觉，觉得这个小孩还是有出息的。"

经过一个月的刻苦训练，陈龙灿的成绩飞速提高。当时集训队按水平高低分A、B、C三组，每组有18个队员。最初一直排在C组后几名的陈龙灿迅速升到了A组前五名，这是令所有人始料不及的。

一分耕耘一分收获。陈龙灿的努力换来后来的成功。可以说，他以自己的行动诠释了自强不息的真正含义，用汗水浇灌出了成功的花朵。

◎故事感悟

"笨鸟先飞"，这是很多认为自己天分不如他人的人激励自己常说的一句话。但在生活实践中，凡是获得巨大成功的人，有哪些人在开始时又不是"笨鸟"呢？不过笨鸟要先飞，就要付出更多，牺牲很多。最关键的是，他们心中一直保持着不达目的死不休的决心。

◎史海撷英

第十一届亚运会

第十一届亚洲该运动会举办于1990年9月22日至1990年10月7日，这是中国在自己的土地上举办的第一次综合性的国际体育大赛，也是亚运会诞生以来的40年间第一次由中国承办的亚洲运动会。来自亚奥理事会成员的37个国家和地区的体育代表团的6578人参加了这届亚运会。

在这次运动会中，中国共派出636名运动员参加了全部27个项目和2个表演项目的比赛。而中国台北时隔12年后，作为中国一个地区的代表队重返亚运大家庭。

◎文苑拾萃

新都宝光寺

四川省的新都县就像镶嵌在成都平原上的一颗明珠，离成都市区18公里，是古蜀国三都之一。而坐落于新都县内的宝光寺，它是四川省文物保护单位，属南方"四大佛教丛林"之一，并成为成都地区有着最悠久历史、最大规模、最丰富文物收藏的一座佛教寺庙，每年前来游览、朝拜者数以百万计。

该寺于东汉时期建成，历经战火，数度重修，经至今日规模。传说，唐僖宗由于黄巢起义而逃亡到四川，一天夜里看见寺内福感塔下放出祥光，然后挖出了一个内藏有13颗舍利子的石匣，于是就把寺名改为"宝光寺"，把舍利子放在塔下，把塔名改成"无垢净观舍利宝塔"，也称宝光塔。

由于宝光塔是向西微微偏斜的，故而也被人称做"东方斜塔"。

体操史上的双胞胎

◎立志者，有为之本。——宋·刘荀《明本释》

李大双（1973—），我国优秀的男子体操运动员，湖北省劳动模范，"国家体育运动荣誉奖章"获得者、国际级运动健将。1989年，他和李小双在第二届全国青少年运动会上初露锋芒后，被选入国家队。1990年在第十一届亚运会上他夺得体操男子团体金牌，1992年在第二十五届奥运会上他夺得体操男子团体亚军，1994年在世界体操团体锦标赛上他获得体操男子团体冠军。他两次被评为全国十佳运动员。

李小双（1973—），李大双的双胞胎弟弟，湖北省仙桃人，有"中国第二代体操王子"之称，多次被评为全国"十佳"运动员和全国体操"十佳"运动员。1993年至1997年他连续两年当选为全国政协委员。

双胞胎李大双和弟弟李小双的出生，对于李家来说无疑是件大喜事。然而，对于这个收入菲薄的普通工人家庭而言，生活的担子无疑又增添了几分重量。

迫于无奈，妈妈早早地给哥俩断了奶，大双被送到外婆那儿，而小双则留在乡下爷爷奶奶家。直到5岁那年，哥儿俩才重新回到妈妈的身边。

由于家境贫寒，小哥俩根本谈不上有什么营养，他们面黄肌瘦的。就是这么两个不起眼的孩子，却由于一次偶然的机会，一起走上了体操之路。

那是一个夏天的傍晚，小哥俩在电影院门口的台阶上跳上跳下地玩，引起了一位路人的注意。他就是湖北省仙桃市少年体校的校长丁霞鹏。从此，小哥俩有了一个更好玩的去处——体操房。

　　经过丁教练的几年"雕琢"，小双达到了儿童甲级体操运动员的水平。9岁那年，他和大双一起离开家乡，来到湖北省体操队，投师于刘长胜教练门下。

　　刘长胜教练对孩子们要求非常严格。有一次，小双和几个队员偷偷地学抽烟，被刘教练发现了，气得他大发雷霆，扬起手向小双打来。

　　小双吓得闭起了眼睛，可是巴掌并没有打在他身上，却狠狠拍到桌子上，发出的声响，犹如一声长长的叹息回荡在小双的耳边。

　　然而，这比打更刺痛了小双的心。他逐渐明白了一个道理：一个体操运动员不但要有良好的技术，更重要的是要有良好的生活习惯和优良的身体素质。

　　在李小双的童年时代和少年时代，没有电动玩具，没有巧克力，也没有父母的宠爱。但他的精神却是富有的，因为他的生命已经和他深深热爱的体操融为一体了。

　　1989年12月，李小双被调到中国体操队著名的教练黄玉斌门下继续深造。黄玉斌在国家队里是出了名的"狠教练"，他的训练特点是严格、细致，再有就是训练量大，训练时间长。与小双同在一组的有李敬、李春阳两位世界冠军。在众多的高手中，小双只能排在最末一名。

　　"先练练再说吧。"小双这么想，可黄教练却郑重其事地宣布，让他准备冲击1990年亚运会。这可着实让小双吃了一惊，他咬咬牙，投入了紧张的训练。

　　大运动量、高强度的训练终于创造了奇迹：1990年亚运会上，李小双这个从未参加过国际比赛和全国成人比赛的默默无闻的后起之辈，居然一举夺得团体和自由体操两枚金牌。当时他只有17岁。

　　1994年和1995年两届世锦赛，李小双成为了团体冠军中国队的主力队员，并夺得1995年世锦赛个人全能冠军，成为第一位夺得体操世锦赛个人全能金牌的中国选手；1996年他在亚特兰大第二十六奥运会上再次夺取个人全能金牌。

◎故事感悟

有付出才能有收获。李小双面对高负荷的训练压力，没有退缩，迎难而上，为国家体操队争得了一个又一个荣誉。

◎史海撷英

第二十五届奥运会

1992年于巴塞罗那举行的奥运会是第二十五届奥运会。这届奥运会的吉祥物是一只既像山羊又像狗的动物，名叫Cobi；奥运会主题曲是《巴塞罗那》；奥运会的口号是"永远的朋友"。这个口号强调了奥林匹克精神中友谊与和平的永恒主题，表达了全世界人民共同的期盼和心声。

这次奥运会已经成为和平与友谊的历史见证。参加本届奥运会的国家和地区共有169个，国际奥委会的全部成员也都参加了，产生的奖牌总数达到了815枚。

◎文苑拾萃

体 操

体操不是对哪个具体项目的称谓，而是对所有体操项目的总称。

体操可以分为两大类：基本体操和竞技性体操。

基本体操是指动作和技术相对简单的一类体操，它的主要目的是为了强身健体和培养良好的身体姿态，如广播体操和防治职业病的健身体操。

竞技性体操，顾名思义是指在赛场上以争取胜利、获得奖牌为主要目的的一类体操。这类体操动作难度大，技术复杂，有相当的惊险性和观赏性，从事者主要是专业运动员。

乒坛一姐王楠

◎入门须正，立志须高。——宋·严羽《沧浪诗话》

王楠（1978—），辽宁抚顺人，已退役的中国女子乒乓球运动员。王楠1985年开始接触乒乓球，7年后成为辽宁队的成员之一，其后在1995年入选国家队。王楠于2008年奥运会结束后退役。2009年3月23日到中国共产主义青年团中央委员会任职。

在2006年不来梅世乒赛夺得女团冠军后，王楠便以19个冠军头衔超越邓亚萍，成为中国夺得世界冠军最多的乒乓球选手。尽管在2004年之后就将一姐的王杖交给了更年轻的张怡宁，但是，王楠在场上的霸气让她仍是中国女队不可或缺的大姐大。目前，王楠获得的世界冠军已经达到24个。

王楠出生于辽宁抚顺市。王楠六岁那年，爸爸把她送到抚顺市乒乓球的一个网点学打乒乓球。偶然的机会，爸爸遇到刚开办少年体校的同学张晶清，从此张晶清就成了王楠的启蒙教练，并且一带就是六年。

在这6年中，王楠每天上午到学校上课，下午和晚上练球。那时王楠不爱说话。她外表沉静，但骨子里的倔强在少年时已慢慢凸显。这种极强的个性，在训练中也让教练吃惊。

因为条件差，仰卧起坐就在坚硬的球台上做。结果，王楠的尾骨常常被磨出血。即便这样，她也不让人知道，直到血粘上裤子，教练才发现；打输了球，她要自己琢磨，找不出原因就向教练问个究竟。

但她也因为倔强而吃了不少苦头。六年中，王楠两次挨打都是因为经受

不住外界的干扰而摔球拍，胡乱打。挨打对她日后在赛场上心理素质的磨炼起了很大的作用。

刚进省队，王楠特别想家。在省队三年之后，1993年，15岁的王楠在七运会上进入前八名，顺利地进入了国家队。

调令下来时，父母十分惊奇，他们没想到王楠的运气如此之好。父母兴高采烈地去省队王楠的宿舍帮她收拾东西。王楠将自己在省队三年时间攒的1600块钱交到了父母手里，说家里困难，你们把钱收起来。

妈妈说："这钱哪来的啊。她说平时零花钱没花，或者是队内比赛赢一场奖励5毛，这么攒的。她知道家里困难。我当时眼睛就红了，孩子太懂事了。"

王楠进队的第二年，就在被称为是小型世界比赛的瑞典公开赛上打败了杨影，确立了信心。1995年在中国公开赛上又打败了邓亚萍和邬娜，引起了总教练的注意。

在第十三届亚运会上，王楠独得四枚金牌，成为乒乓球项目的大满贯选手。从此，王楠成为继邓亚萍之后的领军人物，确立了她乒坛大姐大的地位。

◎故事感悟

每一次超越都是一个自我挑战极限的过程。敢于否定自己，敢于拼搏，才会有更大的收获。王楠心中只有一个梦想——"打"出自己的一片天地。她用实际行动践行了自己的诺言。

◎文苑拾萃

王楠家乡的冻水果

王楠生长在东北，由于东北地产水果有限，绝大部分靠从关内购进。春夏市面上的水果多有腐烂，而冬季水果却很新鲜，天寒地冻，大自然提供了天然冰箱。什么冻梨、冻柿子、冻苹果等。不明白怎么吃冻水果的人，拿起来咬一下一道白印，而东北人吃冻果都有诀窍。既不用热水泡，也不用旺火烤，而是把冻果放在凉水中缓，半个钟头，果子表皮就结出一层冰，里面却软软的，咬上一口，酸甜瓦凉，令人胃口大开。

第四篇

矢志不移

夏完淳立志报国

◎人有志，如同树有根。——谚语

夏完淳（1631—1647年），乳名端哥，别名复，字存古，号小隐，又号灵首，中国明朝末年诗人，祖籍浙江会稽，生于松江。夏完淳是夏允彝之子，师从陈子龙。夏完淳自幼聪明，有神童之誉，"五岁知五经，七岁能诗文"，14岁随父抗清。父殉后，他和陈子龙继续抗清，兵败被俘，不屈而死，年仅17岁。夏完淳以殉国前消遣洪承畴一事称名于世。夏完淳写有《狱中上母书》。

弘光政权解体后，分布在东南沿海一带的抗清力量继续战斗。1645年6月，明朝官员黄道周、郑子龙在福州另立明朝宗室，唐王朱聿键即位，史称隆武帝。而另有一部分官员张国维、张煌言则在绍兴拥戴鲁王朱以海监国。因此，在历史上便同时出现了两个南明政权。

为了对付抗清力量，清朝廷就派在松山战役中投降过来的洪成畴总督军事，准备招抚江南。

这时，在松江（位于今天的上海市）有一批读书人也在酝酿抗清复明，这批人以夏完淳的父亲夏允彝和老师陈子龙为首。夏完淳从小就读了很多书，他擅长诗文，在父亲和老师的影响下，也参加到抗清的斗争中来了。当时他年仅15岁。

当然，光靠几个书生想组织义军是不行的。夏允彝有个叫吴志葵学生，是吴淞总兵，在他手下有有些兵力，于是夏允彝就说服吴志葵一起抗清，吴志葵答应了，并派出一支人马担任先锋队攻打苏州。

刚开始仗打得还很顺利，先锋队攻进了苏州城，可惜吴志葵临时犹豫，没能及时增援，导致进城的义军被围牺牲，他在城外的主力也被打败。

不久，清军围攻松江，夏允彝父子和陈子龙冲出了清兵包围，隐蔽在乡下。清兵四处搜索，还想诱惑夏允彝出来自首，但夏允彝不愿落在清兵手里，就投河自尽了。他留下了遗嘱，要夏完淳继承他的抗清遗志。

父亲的牺牲让夏完淳悲痛万分，也彻底激起了他对清朝的仇恨。于是，他和陈子龙秘密回到了松江，准备再次组织起义军。

他们打听到太湖长白荡有一支由吴易领导的抗清义军，正在重整旗鼓。夏完淳变卖了全部家产，捐献给了义军，并在吴易手下当了参谋。他还写了一道奏章，派人送给了绍兴的鲁王，请他坚持抗清。

鲁王听说上书的是个少年，赞赏不已，就给夏完淳封了一个中书舍人的官衔。吴易的水军在太湖边出没，清军被打得晕头转向。但是后来由于被叛徒出卖，义军失败了，吴易也牺牲了。

一年后，陈子龙又暗中策动清朝的松江提督吴胜兆反清。不幸的是，这次兵变同样遭到了失败。吴胜兆被杀，陈子龙也被抓获。他不想受辱，就在被押往南京的船上，他挣脱绳索，跳河自尽了。

失去了老师的夏完淳这下子更是雪上加霜，痛苦之极。然而不久后，他也因为叛徒告密，不幸被捕了。清军派重兵把他押到了南京。

夏完淳被关在监狱里80天，给亲友写了很多可歌可泣的诗篇和书信。他并不怕死亡，他只是为自己没有实现保卫民族、恢复中原的壮志而悲伤。

主持审讯夏完淳的正是招抚江南的洪承畴，他知道夏完淳是江南有名的神童，想用利诱来使其屈服。他问夏完淳："听说你给鲁王写过奏章，可有这事？"

夏完淳昂首答道："正是我的手笔。"

洪承畴装出一副温和的样子说："我看你小小年纪，未必会起兵造反，想必是受人指使。只要你肯回归大清，我封你官职。"

夏完淳假装不知道上面坐的是谁，厉声说："我听说我朝有个叫洪亨九（洪承畴的字）的先生，乃豪杰人物，当年松山一战时，他以身殉国。我十分钦佩他的忠烈。我虽然年轻，但杀身报国之事怎能落在他后面呢？"

这番话说的洪承畴哭笑不得，满头出汗。

旁边的士兵以为夏完淳真不认识洪承畴，就提醒他说："你不要胡说，上面坐的就是洪大人！"

夏完淳"呸"了一声说："洪先生为国牺牲，天下人都知道。崇祯帝还曾亲自设祭，满朝官员都为他痛哭哀悼。你们这些叛徒，怎敢冒充先烈，污辱忠魂……"他指着洪承畴骂个没完。

洪承畴气得面如土灰，不敢再审问下去。他狠狠地把惊堂木一拍，便喝令兵士将夏完淳拉出去。

1647年9月，年仅17岁的少年英雄夏完淳在南京西市被害。他的尸体被朋友运回松江，葬在了父亲的墓旁。

直到现在，夏允彝、夏完淳英雄父子的合墓依然还留在松江城西。

◎故事感悟

在死亡的威胁下，夏完淳没有妥协退让，而是彰显了自己的高风亮节。像夏完淳这样矢志不渝的爱国少年赢得了万世流芳的美名。

◎文苑拾萃

长 歌

（明）夏完淳

我欲登天云盘盘，我欲御风无羽翰。

我欲陟山泥洹洹，我欲涉江忧天寒。

琼弁玉蕤佩珊珊，蕙桡桂棹凌回澜。

泽中何有多红兰，天风日暮徒盘桓。

芳草盈筐怀所欢，美人何在青云端。

衣玄绡衣冠玉冠，明珰垂绀乘六鸾。

欲往从之道路难，相思双泪流轻纨。

佳肴旨酒不能餐，瑶琴一曲风中弹。

风急弦绝摧心肝，月明星稀斗阑干。

陆费逵创办中华书局

◎男儿事业须自奇。——唐·释贯林《三峡闻猿》

> 陆费逵（1886—1941年），中国近代著名的教育家，中华书局创办人。陆费逵复姓陆费，名逵，字伯鸿，号少沧，幼名沧生，笔名有飞、冥飞、白等。原籍浙江桐乡，生于陕西汉中。其母为李鸿章侄女，颇识诗书。1909年，陆费逵建议整理汉字，主张简化汉字，提倡白话文。1941年7月9日，陆费逵病逝于香港。

陆费逵，我国近代著名教育家、企业家。陆费逵一生服务社会近40年，其中在出版界任职38年。他凭着卓越的胆识、才干和魄力创办了中华书局，并经营中华书局30年。他长期担任上海书业同业公会主席。

从5岁时起，陆费逵就在家里由母亲教读。9岁进入私塾就读时，他已能执笔作文，为一般儿童所不及。13岁起，陆费逵潜心自学，正逢戊戌变法时期，他开始阅读《时务报》、《清议报》，接受维新思想和革命思想。在他14岁时，他制定出了自学课程，每天都要读古文看新书，并写出读书笔记。15岁至17岁时，他除了在家中自修，还常常到阅书报社读书。之后陆费逵又进入南昌熊氏英文学校附设的日文专修科学习，由于成绩优异，深得日文教师吕星如的器重。

1903年，陆费逵跟随老师吕星如来到武昌，他决心干出一番大事业。第二年，陆费逵在武昌与同学黄镇盘等人集资1500元，创办起昌明书店，他被推举为经理兼编辑。从此，陆费逵开始走向新闻出版业。

可惜的是，昌明书店开业时间不长，由于股东意见不一致，不久就各奔前程了。

陆费逵自办起新学界书店，销售《警世钟》、《猛回头》、《革命军》等进步刊物。他还自己编著了一本《岳武穆传》，以此来抒发爱国思想，并积极参加当时的革命活动。

1905年，陆费逵加入了革命组织日知会，并起草了日知会章程，担任日知会评议员。后来他看到某些党人之间互相出卖，感到非常失望。他感到一个人如果没有学问和修养就不能成就事业，社会离开教育和风纪就不能够有所发展，于是他更加努力自修，努力工作，并积极赞助革命。

后来，陆费逵与张汉杰、冯特民共同接办了汉口《楚报》，出任主笔，写出不少抨击时弊的评论。到年底，《楚报》被查封，张汉杰被捕，陆费逵遭通缉逃到上海，就任昌明书店上海支店经理兼编辑。

上海书业商会成立时，陆费逵作为发起人之一，被选为评议员。期间，他与丁福保共同编写了《文明国文教科书》、《文明修身教科书》、《文明算术教科书》等，后因书局资金短缺，没有出全。

他还撰写了提倡文字改革的文章，主张小学课本要多采用些注音字母，适量适时夹些汉字，而在汉字旁标注出字母便于记忆。到了中学后，要在小学没有学到的生字旁标注出字母，以便学生朗读学习。

1906年，陆费逵到文明书店任职员，期间常和代表商务印书馆的高梦旦一起出席上海书业商会会议。由于他熟悉印刷、发行业务，而且能够操笔编书，是个非常难得的人才，被高梦旦以重金邀请到商务印书馆任职。他开始任编辑，后改任出版部部长，《教育杂志》主任及讲习部主任。

陆费逵主编的《教育杂志》对前清学制多有抨击，他发表自己的观点与见解，主张要顺应时代潮流，大力改革学制。在主持师范讲习社时，他共发行讲义12种，他编著的讲义有《最新商业修身讲义》、《伦理学讲义》及《学校管理讲义》等。

辛亥革命前夕，商务印书馆的教科书因内容较为陈旧而滞销。商务印书馆中一些有眼光的编辑建议预编一套适应形势的教科书，以备革命成功后使用。但由于商务领导怕担风险，终未采纳。

但陆费逵深信革命定会成功，教科书一定要进行大改革。于是，他在暗地里和同事沈知方、戴克敦、陈协恭等人聚在家里，秘密编辑为革命胜利后准备的教科书。

辛亥革命成功后，陆费逵、沈知方等脱离商务印书馆，于1912年1月1日，"中华民国"宣告成立之日宣布创立中华书局，新编教科书同时发行，由此可见陆费逵的胆识和魄力。

中华书局由陆费逵任总经理，沈知方任副总经理。陆费逵在起草的《中华书局宣言书》中阐明了其宗旨："国立根本，在乎教育，教育根本，实在教科书，教育不革命，国基终无由巩固，教科书不革命，教育目的终不能达到也。"

中华书局出版发行的以五色国旗为封面的《中华小学教科书》、《中华中学教科书》，因其内容能够适应当时实际需要而畅销各地，使得商务印书馆措手不及，一度陷于被动。数年间，中华书局因教科书行销甚广，营业旺盛。

到了1916年6月，中华书局的资本总额已增至160万元，分局增至40余处，遍布在福州、成都、昆明等地；印刷所拥有大小机器数百台，职工千余人，成为当时国内仅次于商务印书馆的第二家大书局。

1917年6月，由于中华书局扩充太快，大量资金投入基本建设，一时周转不开，陷入困境。这时很多方面都有人热情邀请陆费逵共事，均被陆费逵婉言谢绝。他抱定决心，一定要善始善终地把中华书局办好。

从1919年到1921年，经过三年的整顿，中华书局业务又重新获得发展，先后创办了多家报纸，并出版了《新教育国语教科书》，编印了《新文化丛书》等。

在此基础上，1922年到1926年，陆费逵又进一步创办了《心理》、《学衡》、《国语》、《少年中国》和《小朋友》、《小朋友画报》等杂志，刊印了《少年中国学会丛书》、《儿童文学丛书》。同时，中华书局还增设了十几家分局，资本增至200万元。

1927年，又增设了香港分局。在此之后，陆费逵大力扩展中华书局的事业，兴办了中华教育用具制造厂，生产教学仪器等设备，并推举南京政府实业部长孔祥熙为董事长，借其势力扩充印刷厂，大规模承印南京政府的有价证券和小额钞票，获利剧增。

1934年，中华书局又在香港九龙新建一座设备非常先进的印刷厂，主要承印南京政府发行的钞票和债券。1935年，中华书局又在上海澳门路建成新的印刷厂和编辑所，创办保安实业股份有限公司，专门生产橡皮船、防毒面具和桅灯等国防用品。这一年，陆费逵继孔祥熙之后，担任了中华书局董事长。

1931年九一八事变后，陆费逵深深感到民族危机日益深重，针对某些人散布的和平幻想，他在1933年1月《新中华》杂志创刊号上发表《备战》一文，呼吁"一致对外，长期抗战"、"将整个的财力、人力，准备作战"。

接着，他又撰写了一篇名为《东三省热河早为我国领土考》的文章，痛斥日本军国主义的侵略罪行，表现出他的爱国精神和民族责任感。

1937年全面抗战爆发，陆费逵为中华书局认购救国券5万元，以支持抗战。

陆费逵把一生精力都投入到出版事业和教育事业中。据不完全统计，中华书局在陆费逵主持的30年间，共出版各类图书约6000种。其中，各种教科书400余种，社会科学书籍近2000种，自然科学书籍600余种，文学艺术书籍1000余种，重要古籍600余种，各种工具书30种，少年儿童读物800余种；此外，还编辑出版了近20种杂志，在我国近代文化史和出版史上占有重要地位。

中华书局以出版发行教科书起家，后来一直把出版发行教科书作为自己主要的业务之一，对促进教育事业的发展，普及科学文化知识，起到了积极作用。这是和陆费逵一生热爱教育事业分不开的。

陆费逵对待出版事业严肃认真，中华书局出版的教科书内容健康，对读者和社会有益，而且质量有保证，从不以粗制滥造来降低成本从中获利。而且，中华书局还特别注意出版少年儿童读物，其中以1922年创刊的《小朋友》内容最为丰富，最受欢迎，最有影响，历时最久。

中华书局的出版物中社会科学和文学艺术书籍占有相当大的比重，它对于五四运动以前新文化与旧文化的斗争，五四运动以后反帝反封建的新民主

主义文化事业，乃至抗日统一战线的文化事业都起了有益的作用。

1941年7月，陆费逵突然病逝，终年56岁。但他创办的中华书局一直经营着。

◎故事感悟

陆费逵的一生是献身中国出版事业的一生。他励志不息，辛勤工作，最后倒在工作岗位上。他的精神至今仍感动着后人。

◎史海撷英

商务印书馆

商务印书馆是中国历史最悠久的出版机构，1897年由夏瑞芳、鲍咸恩、鲍咸昌、高凤池等人创办于上海。

该书馆最初是合伙经营的小型印刷工场，主要编印新式中小学教科书。1901年改成股份有限公司。1903年改为中日合办，各出10万资金，引进了日本的先进印刷技术，增建了印刷所、编译所和发行所。第二年编印了《最新国文教科书》，很快风行全国。

1907年，商务印书馆印刷总厂和编译所新址在上海闸北宝山路成立。1909年，编译所中收藏古籍善本和参考书籍的图书馆被定名为涵芬楼，后来又被改为东方图书馆，并对外开放。

1914年初，图书馆的日股全部退出，商务印书馆资本金达到150万元，有职工750人，成了国内最大的集编辑、印刷、发行为一体的出版企业。

1932年，在淞沪抗战中，日军焚毁了商务印书馆的总务处、编译所、印刷总厂和东方图书馆。后来，企业得到了部分恢复。

抗日战争爆发前夕，商务印书馆在长沙建设了印刷厂，向香港和西南地区疏散存书和机器。抗战爆发后，总管理处迁往长沙，后来又转移到重庆，直到抗战胜利后再次迁回上海。

新中国成立后，商务印书馆搬到了北京。100多年来，商务印书馆担当了开启民智、昌明教育的责任，肩负了继承中华文化、积极传播海外新知的使命，是“全国优秀出版社”，是“一个很重要的文化教育事业单位”。

◎文苑拾萃

陆费逵名言

人有以失机自憾者，不知人苟立志于正直，则决不为世间所闲却；虚心平气以观世，凡用人者，孰不愿得正直者而任之乎？常见有朴讷之人，毫无特长，仅以正直之故，得人信用，致成大业。而才华卓越之人，身败名裂，甚或陷身囹圄，皆不正直之故也。

棉纺业巨子穆藕初

◎一个人的成功是基于志向之上的。——名人名言

> 穆藕初（1876—1943年），中国企业家，上海浦东杨思镇人，1889年因父亲破产而失学，入上海棉花行当学徒。1900年穆藕初考入江海关，1905年参加抵制美货运动并辞职，任上海龙门书院教习、江苏铁路公司警务长等职。1909年他赴美留学，1914年获农学硕士学位回国。他在上海创办德大纱厂、厚生纱厂；在河南郑州创办豫丰纱厂，1915年到1920年间陆续开工。他引进了科学的管理制度，并创办棉种试验场，发起成立上海华商纱布交易所。1923年6月13日，曹锟、高凌霨驱赶大总统黎元洪，6月23日，穆藕初以上海总商会的名义发表宣言，不承认曹锟和高凌霨代表国家。抗战时期，穆藕初移居重庆，1943年9月19日在重庆去世。

穆藕初祖籍苏州洞庭东山。他是中国近代系统接受过西方管理科学教育的实业家。他在7年间曾以几百万元的资本创办了几所纱厂和纺织用品有限公司、纱布交易所，一举成为棉纺业巨子。

穆藕初祖先世代以种植业为生。19世纪50年代初，穆藕初的父亲穆琢菴在上海开办了穆公正花行，经营棉花生意，收入非常丰厚。穆藕初自幼就被送入私塾读书。

13岁那年，由于印棉、洋纱倾销，上海棉纺手工业受到严重打击，穆公正花行破产，家中生活困难，穆藕初失了学，到另一家花行当了学徒。

几年艰难辛酸的学徒生活把穆藕初磨炼得坚强起来。17岁时，父亲病故，从此，他和哥哥穆恕再共同奉养母亲，相依为命。

　　1894年，中日甲午战争爆发。不久，清朝彻底失败，被迫同日本订立了丧权辱国的《马关条约》，给中国造成了极为严重的危害，中国的经济更受制于帝国主义。于是穆藕初萌发了求学与他国竞争的想法。

　　1897年，他获得上夜馆学英文的机会，在那里半工半读，经过3年刻苦学习，以优异成绩考入江海关。在海关的6年生活使穆藕初开阔了眼界，阅读了大量书籍，从中广泛接触了西方的民主思想、经济思想。

　　1903年后，穆藕初开始投身社会改良运动。当他目睹到祖国贫穷的面貌，深深感到要救中国必须兴办实业，而兴办实业必须有真才实学，于是，1910年夏，穆藕初在友人的资助下，远渡重洋，去美国留学，寻求拯救祖国的方法。

　　在穆藕初到旧金山后，当他第一次看到"电机一动，蓦然腾空"的电梯和按钮一触自行卷合的窗帘时，不禁深深地为西方的科学技术之发达、研究之精深所触动。相比之下，祖国是何等落后啊。这更加激发了他学习科学技术的决心。

　　他先以特科生资格进入威斯康星大学，发愤读书，一年后以优异成绩考取正科，并获得江苏省官费待遇。以后，他又先后就读于伊利诺伊大学和得克萨斯农工专修学校，专攻农科，此外还兼修了制皂、纺织两个专业。

　　在此期间，穆藕初不仅致力于各科理论学习，还利用假期到农村、工厂实地考察，掌握了第一手资料。在美国的农场、工厂大多都有图书室，在那里穆藕初阅读到大量的实业参考书籍，为他日后在祖国兴办实业奠定了坚实的基础。特别是在美国留学时，穆藕初对刚刚出版的《学理的管理法》一书进行了研究，还多次登门求教与泰罗共同探讨，比较系统地掌握了这套理论。

　　他深深感到美国的经济、技术之所以如此兴旺发达，靠的就是这些专家、学者的研究指导。在美国的最后一个暑假，穆藕初在得克萨斯州著名的农业托拉斯塔夫脱农场进行了关于企业管理体制的专题调查，并写出了《游美国塔夫脱农场记》。

　　1914年，穆藕初完成了学业，获得得克萨斯农工专科学校农学硕士，回到祖国，投身祖国实业建设。

穆藕初回国时正逢第一次世界大战爆发，西方列强无暇东顾，给我国民族工业带来了发展机会，民族工业发展进入了黄金时代。穆藕初和此时已任上海华界警察长的哥哥穆恕再一起共谋兴办实业，并开始筹集资本。

由于穆氏兄弟自身没有资本，筹集资本困难较大。兄弟二人不灰心，经过一番努力，终于筹到20万元资金，盘下了杨树浦兰路（今兰州路）的一家濒临破产的纱厂。穆藕初担任该厂总经理兼工程师，并把厂名定为德大纱厂。

穆藕初结合该企业的状况，运用所学的企业管理理论，对企业实施了一系列管理改革措施，终于使这家资力薄弱、规模很小的工厂生产出了不仅超过一般华商纱厂，而且胜过了英、日的产品，迅速成为了"上海各纱厂之冠"。

1916年，北京商品陈列所举办的产品质量比赛大会上，德大生产的宝塔牌棉纱排在第一位。

由于采取了切实可行的措施，德大纱厂成功了，穆藕初由此名声大振。他深深感到欧美日本诸先进国家事业之所以发达，依赖有大的集团组织，于是，穆藕初计划以股份有限公司的形式组织大规模的新型工厂。

1916年6月，新组建的厚生纱厂建成投产，它在规模上远远超过了德大纱厂，它的管理体制在德大的基础上日臻完善，成为楷模。

1918年，穆藕初以上海厚生纱厂为总厂，增加投资200万元，在郑州开办了豫丰纱厂。豫丰纱厂是上海民族企业家大规模向内地投资的先驱，同时豫丰纱厂还自行筹建起发电车间、自来水设施及自建了铁路支线与郑州车站连接，工厂的规模可称得上是第一流的。

它的建成，显示了我国民族工业第一次腾飞时期及民族企业家穆藕初发展实业的雄心和魄力。

穆藕初经营企业的同时，还开办了穆氏植棉试验场，引进美国长纤维棉种，进行植棉改良，从而使厚生、德大两厂首创生产出42支纱及32支、42支双股线的产品，为提高我国民族棉纺业水平和棉种改良作出了重大贡献。

这里特别需要提到的是，穆藕初之所以能成为一位卓越的实业家，在于他能把实业建设放在实学、实干的基础上，在于他能够把积累的经验与科学技术发展的时代节拍相连，在于他敢于冲破封建性企业管理的束缚，切实可行地研究运用国外先进的企业管理科学，这些都使他能够取得事业上的成功。

与一般企业家不同的是，他在经营的同时，还译著了许多学术著作，如翻译了真乐儿著的《学理的管理法》（今译为泰罗著《科学管理法原理》）等，为我国民族实业的发展贡献了智慧和力量。另外，他还设计出我国第一台电动脱粒机，并试制成功。

此外，穆藕初还主张兴办实业必须先谋实学，培养企业需要的人才，所以在有了一定的经济实力后，他就积极资助教育事业的发展，10年间他资助于教育事业的经费达15万元以上。

随着第一次世界大战的结束，加上中国国内军阀混战，使民族工业濒临绝境，穆藕初的企业也不例外。1943年，穆藕初在重庆病逝，终年67岁。

◎故事感悟

穆藕初一生奋斗的历史正是中国近代民族工业的一部奋斗史。他用先进技术武装企业，誓与外强一较雌雄。他的雄心壮志值得我们学习。

◎史海撷英

中国毛纺织史

考古研究证明，中国是世界上手工毛纺织发展较早的国家。

据记载，早在新石器时代，手工毛纺织生产就已经在新疆、陕西、甘肃等地区萌芽。

到了周代，不仅上述地区，而且北方边陲、东北草原、西南边疆和四川、青海等地区，也都能生产精细彩色的毛织品了。

秦汉之后，毛织品、毛毯两大类产品的质量、品种和产量都得到了很大发展。

然而，毛纺织工业化的生产则是从19世纪70年代末开始的。当时，左宗棠为了供应军需，创办了用于生产军服的兰州织呢总局，这是中国除缫丝厂以外的第一家近代纺织工厂。之后，毛纺织厂缓慢增多，到1949年时，全国也只有13万毛纺锭。

新中国成立后，人民生活水平的提高，使毛纺织品需求量迅速增长。到1980年，达到了60多万锭，不仅能够供应国内需要的呢绒、毛毯、绒线，还大量出口，为国民经济作出了自己的贡献。

◎文苑拾萃

昆剧

昆剧是著名曲种之一，产生于元末明初之际（14世纪中叶）的江苏昆山一带，是明代四大声腔之一。另外三大声腔是起源于浙江的海盐腔、余姚腔和起源于江西的弋阳腔，它们同属南戏系统，是我国古老的戏曲声腔、剧种。

昆曲最早的名称叫"昆山腔"，自清朝之后，开始被称做"昆曲"，后来才又改叫"昆剧"。

昆剧主要以曲笛为伴奏乐器，另辅以笙、箫、唢呐、三弦、琵琶等（打击乐具备），有独特的表演体系和风格，它最大的特点是抒情性强、动作细腻，歌唱和舞蹈的身段结合得非常巧妙而和谐。

该剧种以前曾以语言差别划分为南曲和北曲。南昆主要是苏州白话，北昆主要是大都韵白和京白。

如今，该剧种已被联合国教科文组织于2001年5月18日称做"人类口述遗产和非物质遗产代表作"。

宁辱身不辱志

◎慷慨丈夫志，可以耀锋芒。——唐·孟郊《遣兴联句》

1929年6月，四川红军第一路军党代表唐伯壮奉省委指示，到虎城、南岳一带发动群众，在返回途中，由于敌人告密，他不幸被捕。

敌人先对他诱降，不成，便严刑拷打。他被打得周身皮开肉绽，浮肿糜烂。但他意志坚强，严守党的秘密。他还十分乐观地鼓励狱中战友，坚信革命一定胜利，保持革命气节，和敌人斗争到底。

唐伯壮被捕后，党组织曾多方营救，并打算劫狱。他十分诚恳地对传递劫狱消息的同志说，他当然希望能保住生命，但是武装劫狱势必给党带来损失，绝不能为他个人再牺牲其他同志。因此，他最终没有同意劫狱计划。

敌人把唐伯壮关押了一个多月，虽然刑具用尽，但敌人毫无收获，他们就决定秘密杀害唐伯壮。

唐伯壮知道敌人很快要对他下毒手，但他仍泰然自若。在一个月光皎洁的夜晚，他挥笔疾书，写下了气壮山河、长达60句的《狱中月夜感怀》，记述了自己的革命经历，抒发誓为共产主义献身、坚信革命必胜的情怀。他写道：

> 拼将壮志誓牺牲，踏破血路追先烈。
>
> 壮志未酬系囹圄，此身遗恨终难灭。

1929年9月20日晚，唐伯壮拖着沉重的脚镣，拖着虚弱的身体，被押进

"狱中神堂"。敌人凶狠地说再给他几分钟的考虑时间。并且诱劝他：蚁蝼尚且贪生，何况人乎？念你年纪轻轻，何必执迷不悟，送掉生命呢？

唐伯壮大义凛然地回答道："人活于世，有如猪狗者，有如大人者。想叫我像猪狗一样地生活，办不到！大丈夫可辱身，不可辱志，何须多说！"予以反驳。

一个刽子手将手把"鬼头刀"一碰，发出刺耳的响声，并威胁着问他怎么死，是痛快的，一刀两断，还是慢慢死，绳索绞杀？

唐伯壮冷笑几声，不屑一顾。

一个刽子手狞笑着说："好样的，那就让你尝尝绞刑的味道！"

而后，几个刽子手慌忙将绳子打成活扣，套在唐伯壮的脖子上，然后用力拉紧，唐伯壮昏过去了。这时敌人松开了绳子。醒后，他怒视着敌人，吼道："狗崽子们，20年后老子再讨还血债！"

刽子手再次拉紧绳子，他的嘴、眼、鼻涌出了鲜血。当刽子手又松开绳子时，唐伯壮朝敌人脸上吐了一口血痰。刽子手急忙用石灰袋子压在他的鼻子和嘴上，又死命地拉紧绳子。

唐伯壮就这样被凶残的敌人杀害了，时年仅30岁。他的生命旅途虽然短暂，但他的革命精神却放射出绚丽的光辉。

◎故事感悟

唐伯壮为了自己的理想和伟大的志向献出了自己的生命。这种宁死不屈的精神是中国人民解放事业取得最后胜利的有力保证。

◎史海撷英

中国工农红军

红军，全称是"中国工农红军"。在土地革命战争（即十年内战）时期，红军是由中国共产党领导的人民军队，也是中国人民解放军的前身。

　　1928年5月25日以后，中国工农革命军和中国共产党领导的其他工农武装陆续改称，曾组成第一、二、四方面军和西北红军，多次粉碎过国民党的围剿。1934年10月之后，陆续开始长征，最后到达陕北。

　　抗日战争爆发后，中共中央同国民党政府达成了和平协议，把红军主力改编为国民革命军第八路军，简称八路军，后来又改为国民革命军第十八集体军；把在江西、福建、浙江、广东、湖南、湖北、河南、安徽等省13个地区坚持斗争的红军和游击队改编成国民革命军陆军新编第四军，简称新四军。

九死一生只为魔芋

◎有骨不为土，应作直木棍。——唐·孟郊《悼比干墓》

何家庆（1949—），安徽安庆市人，安徽大学生命科学学院教授。1984年，他自费考察大别山植物资源，考察报告为中央实施山区星火计划提供了依据。1990年至1992年，他担任绩溪县副县长，主管科技，被当地百姓称为"焦裕禄式的县长"。

魔芋，原本只是一种常见的植物，可是在20世纪90年代以来，它的名字频繁出现在报刊杂志上，这一切都和一个普普通通的大学教授有关，他就是何家庆。

何家庆是安徽大学生命科学学院的教授。十几年来，为魔芋，为扶贫，他废寝忘食，别妻离子，将自己的知识和精力全部奉献给了最需要他的广大农民。

与共和国同龄的何家庆出生在一个普通的工人家庭，从小尝尽了贫穷的滋味。靠着许多善良人的帮助，何家庆才从小学一直读到大学。从此，一个朴素的愿望在他心中生了根发了芽：一定要尽自己所能，帮助贫穷的人。

大学毕业后，何家庆留校任教，他一头扎进了对魔芋的研究中，在魔芋的培育和加工方面取得了一系列科研成果。此时，何家庆觉得，为祖国做点事情的时候到了，他决定去盛产魔芋的大西南走一遭。

1998年2月的一天，当人们还在睡梦之中时，何家庆便悄悄背起行囊走出了家门。走时，他怀揣着一张西南地区200多个贫困县的名单和他的全部积蓄——2.9万元，孤身一人上路了。

他没有把自己的行踪告诉妻儿。因为他知道，这次行动路途艰险，困难众多，加上自己体弱多病，家人和学校都不会同意。直到何家庆不辞而别一个多月后，他的女儿禾禾才收到了一封由别人转交的父亲的书信。

在此后的305天里，何家庆一直在不停地奔波，从安徽、湖北、湖南、浙江到四川、贵州、云南，行程3.16万公里，其中步行0.8万公里，历经102个地（州）市、207个乡镇、426个村寨，探访了27个兄弟民族。这一切都是为了一个目的——推广魔芋的栽培及加工技术。

旅途的艰辛是常人无法想象的。在鄂西深山，由于无处投宿，何家庆曾在山神庙里过夜。在大巴山，他两次被毒蛇咬伤，大腿肿得20多天抬不起来。

在湖北山区，他曾被几个开山的汉子拦住去路，被逼做苦力，饿着肚子砸了一整天的石子。在湖南著名的乌龙山区，他被两个文身的彪形大汉抢走了携带的3000元血汗钱。

遭抢劫后，何家庆为防止再被人侵犯，不理发不剃须。然而这副模样也使他蒙受了太多不白之冤：在广西，他曾被扣留；在云南，他曾被收容。没有人相信他是大学教授……但这一切都没有能阻挡住何家庆西行扶贫的决心。

西行一路，何家庆吃尽了苦，受尽了磨难，也收获了丰硕的成果。他为芋农办了262次技术培训班，向两万多名农民传授了魔芋栽培技术。每当看到农民从四面八方赶来参加自己举办的培训班时，何家庆就觉得自己所做的一切都是值得的。

1998年12月28日，浑身伤病的何家庆终于疲惫地回到合肥，他的体重由出发前的60千克下降到40千克，在床上一躺就是个把月。

在其独身前往大西南扶贫的事迹被报道后，何家庆成了一位公众人物，掌声、鲜花、赞美之词从四面八方涌来。何家庆没有因此而沾沾自喜，他仍沉浸在他的魔芋世界里。在他那简陋得不能再简陋的居所里，何家庆仍在考虑着他的扶贫计划。

◎故事感悟

何家庆为了扶贫事业，推广魔芋，虽备尝艰辛，却励志弥坚。他的精神确实是值得我们学习的。

◎史海撷英

魔芋的历史

早在150—306年时期，我国晋朝的《蜀都赋》里就提到"其圃则有蒟蒻"。这里的蒟蒻就是今天的魔芋。后来，在唐朝的《酉阳杂俎》、宋朝的《嘉祐本草图经》、明朝的《本草纲目》等书中也都记载了蒟蒻。

日本记载蒟蒻最早的书是《和名类聚抄》。该书在提到《蜀都赋》的注中说："蒟蒻的根白色，用灰汁煮之，即凝成，可泡在苦酒中食之，蜀人对其珍之"。

魔芋是随佛教一同传入日本的，最早是用做药物，后来也偶做食用。现在，日本人仍把魔芋称为蒟蒻，日译英为"Konnyaku"，他们非常青睐用魔芋制作的保健食品。

◎文苑拾萃

九死一生

九死一生是形容经历浪大的危险后而幸存，也形容处在生死关头，情况十分危急。

九死一生出自战国时期楚国屈原作的《离骚》。战国时期，楚国诗人屈原得到楚怀王的重用，主张联齐抗秦，但他在同贵族子兰、靳尚的斗争中被免职。楚顷襄王时，他被流放到边杜，但他的心还惦记着祖国和人民，他写的诗句"亦余心之所善兮，虽九死其犹未悔"，充分体现了他的决心。

冯刚与野生动物为伍

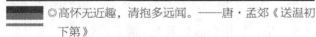

◎高怀无近趣，清抱多远闻。——唐·孟郊《送温初
　下第》

> 冯刚（1947—），上海人，新疆乌鲁木齐市第六中学英语高级教师，乌鲁木齐市
> 职工影协一级会员，新疆维吾尔自治区摄影家协会会员，新疆野生动物保护协会会员，
> 乌鲁木齐市天山区人大代表。

　　冯刚，一个知名的动物摄影师。他从1972年起就开始从事业余摄影创作。而他对野生动物摄影情有独钟却是从1995年开始的。从那以后，他一发不可收：工薪阶层的他，花费十多万元购置摄影器材和吉普车；他曾驾驶着吉普车，开始了他的环保汽车万里行——野生动物保护宣传摄影展。

　　在42天的旅程中，冯刚先后到达北京、南京、上海、广州、深圳、昆明、成都等城市，给那里的人们带去了千姿百态的新疆野生动物照片。看过冯刚摄影展的人，无不激发起对大自然的热爱和对保护野生动物的热情；了解冯刚的人，无不为他的执著和奉献精神所感动。

　　近几年来，他背着十几公斤重的照相器材，行走在戈壁沙漠、荒山野岭、湖泊沼泽，足迹遍及天山南北，行程达6.5万多公里，几乎所有的节假日都搭在了里面。他曾两次登上了海拔4500米的阿尔金山国家自然保护区，去过19次准噶尔盆地东缘的卡拉麦里山自然保护区，去过18次北山羊栖息地，博斯腾湖也去过三次。

在冯刚成功的摄影作品里，有著名的珍稀动物，如藏野驴、藏羚羊、野牦牛、北山羊、蒙古野驴、鹅喉羚等，还有藏原羚、盘羊、狍子、狼、赤狐、长尾黄鼠、绿头鸭等飞禽走兽。其中，有很多珍稀动物的照片填补了我国野生动物图片的空白。

野外拍摄作业是很艰险的，常常会遇到无法预料的困难，但冯刚都一一克服了。虽然历经磨难，九死一生，但他仍然对未来充满了希望。

当听说每年都有大概两万只藏羚羊被偷猎者杀害而濒临灭绝境地时，冯刚在征得新疆维吾尔自治区环保局的特许后，驱车进入了阿尔金山。他不但以难以想象的毅力克服了呼吸困难、头痛不已的高山反应，而且在遭遇车陷泥潭、被困在荒无人烟的地方时，也不曾放弃，他终于摆脱了困境，拍到了珍贵的藏羚羊图片。

在21世纪第一个春节来临之时，千家万户正在享受着温馨祥和的气氛，而冯刚却跋涉在寒气逼人的阿尔金山上，当时他还患上了严重的感冒，随时都可能引发肺气肿危及生命。

为了拍到野牦牛和藏野驴，冯刚独自步行8小时，走了20公里，最后靠着卫星导航仪才艰难地回到驻地，但两只脚都冻坏了。

为了拍摄到卡拉麦里山中国家一类保护动物蒙古野驴，冯刚曾在40℃的高温中迷路长达14个小时，以致出现了晕厥、干呕等脱水症状。万般无奈中，他喝下自己的尿，写下了遗书，请求人们发现他遗体后，把相机中的胶卷冲洗出来，好让世人看到这种美丽的动物。当同伴驱车十多个小时终于找到他时，他还在拼着最后一点力气进行拍摄工作。

在拍博斯腾湖的大白鹭时，为了防御蚊虫的疯狂叮咬，冯刚连续四个小时捂在密不透风的雨衣中。但炎热的天气和干渴却使他在返回车里时全身乏力，导致休克。

如此风餐露宿、历尽艰险的冯刚，为的就是把心中那个朴素的想法变成现实：让人们领略到大自然中野生动物千姿百态的美，同时增强人们保护生态环境的意识。

冯刚的爱心行动引起了社会各界的高度关注，他所拍的野生动物图片在网上公布后，已吸引了5万多名国内外的网友的热情问候并相互交流。冯刚每天都会收到大量的来信，接到许多电话，有表达倾慕之心的，也有询问拍摄野生动物所需器材的，冯刚都一一予以回答。而且，他特别关注中学生的来信和来电。

有三位四川成都市玉林中学的初二学生十分喜爱野生动物，要求和冯刚做朋友，冯刚爽快地答应了。冯刚还给他们邮寄了野生动物照片和登有野生动物图片的杂志。他认为，作为中学教师，他有责任教育青少年热爱大自然、保护野生动物。

由于冯刚在野生动物摄影及环保方面作出的巨大贡献，他获得了国家林业局等八部委联合颁发的"全国环境保护杰出贡献者奖"。

冯刚曾应邀到北京几所著名的高校演讲，面对台下的众多学子，冯刚说："每个人都重视自己，都渴望实现自己的人生价值，那怎么做呢？其实，我们的祖先早就告诉我们了。你们看，'我'字去掉一撇就是'找'字，就是说，人要想实现自己的人生价值，必须不断地去探索和追寻。"

◎故事感悟

冯刚为了环保事业不远万里，只身闯进大西北的无人区，为保护野生动物作出了突出贡献。他的执著感动着无数中国人，他的精神被无数人所钦佩。

◎文苑拾萃

藏羚羊

藏羚羊是一种珍稀物种，属羚羊亚科藏羚属动物，是国家一级保护动物。

藏羚羊的体形长得和黄羊差不多，体长117~146厘米，尾长15~20厘米，肩

高 75~91 厘米，体重 45~60 千克，藏羚羊一般生活在海拔 4600~6000 米的荒漠草甸和高原草原等环境中。它们性情胆怯，早晚时分常结成小群行动和觅食。

藏羚羊长于奔跑，时速最高可达 80 千米，寿命能达到 8 年左右。在生育后代时，雌藏羚羊都要千里迢迢地赶到可可西里去生育。

如今，藏羚羊主要分布我国新疆、青海、西藏的高原上。

东山再起的史玉柱

◎共莫更初志，不独为谋身。——唐·杜荀鹤《秋宿山馆》

史玉柱（1962—），出生于安徽省蚌埠市怀远县，1984年从浙江大学毕业，分配到安徽省统计局工作。之后，他从深圳大学软件科学系（数学系）研究生毕业，以巨人6401汉卡起家。1992年史玉柱在广东省珠海市创办珠海巨人高科技集团；1994投资保健品，后因投资巨人大厦失败，几乎破产。1997年他在江苏等地推出保健品大获成功。2000年12月21日史玉柱注册成立珠海市士安有限公司，2004年11月18日在上海成立上海征途信息技术有限公司。2006年，史玉柱被选为"2006年度中国游戏行业新锐人物"、"2006年度中国游戏产业最具影响力人物奖"。

史玉柱是一位极富传奇色彩的人物。他曾是千万人敬仰的创业天才，五年时间就使自己的财富跻身到福布斯中国大陆富豪第八位。他也曾是无数企业家引以为戒的失败典型，一夜之间不但倾家荡产，还负债高达2.5亿。

但如今，史玉柱又是一个著名的东山再起者，再次通过创业成了保健领域的巨鳄和网游领域的新锐，成为身价达数十亿的大资本家。

史玉柱东山再起的故事充分展现了他自强不息的人格魅力。

1989年7月，史玉柱带着独立开发的汉卡软件和"M—6401桌面排版印刷系统"软盘，来到了深圳，受到当时深圳大学一位老师的器重。这位老师在科贸公司兼职，这使史玉柱得以承包了一个电脑部。

当时，史玉柱除了一张营业执照和4000元钱外一无所有。当时为了买到深圳最便宜的电脑（8500元），他以加价1000元为条件，争取到了电脑商推迟

半个月付款的"优惠"，预先赊帐得到了一台电脑。

随后，他便开始推广自己的产品，并用同样的方法"赊"来广告，即以电脑作抵押，在《计算机世界》上以先打广告后付款的方式，连续做了三期期1/4版的广告。《计算机世界》只给了史玉柱15天的付款期限，然而直到12天的时候，史玉柱的广告还没有为他带来一分钱收入。

不过，在第13天的时候，转机终于出现了：他一下子收到了三张邮局汇款单，总金额有1.582万元！两个月后，他账上的金额魔法般地达到了10万元。他继续把钱投入到了广告中，一边扩大影响一边卖汉卡。4个月后，单凭卖M—6401产品就回款100万元，半年后回款更是达到了400万元。

1991年4月，史玉柱怀揣着汉卡软件，带上100多位员工来到了珠海，注册成立了珠海巨人新技术公司，这就是巨人集团的前身。他付出几十万元的代价，招揽了全国200多家大大小小的软件经销商。这些经销商不但订了货，还构成了巨人汉卡的营销网络。如此庞大的营销网络无疑使史玉柱的事业突飞猛进。

就是在这一年，巨人汉卡的销量一跃成为全国同类产品之冠，公司纯利润超过了1000万元。这个时期，巨人集团还新开发了中文手写电脑、巨人防病毒软件等多种产品。

第二年时，巨人集团的资本已经超过了1亿元，史玉柱本人也被各种光环所笼罩，这是他事业的第一个高峰。

1994年8月，汉卡的市场、巨人集团其他产品的生存空间被大举进攻的国外软件抢走，史玉柱不得不果断撤出IT行业，并把目光转向了保健品行业，斥资1.2亿元开发了全新产品——脑黄金。结果，大获成功。从1994年10月到1995年2月，在供货不足的情况下，竟有超过1.8亿元的回款！

那时的中国，保健品还在农村做刷墙体广告，但"既有贼心也有贼胆"的史玉柱却采用了铺天盖地、无孔不入、狂轰滥炸式的广告策略，同时进行渠道建设和严格管理，很快使一款全新的保健品成了12亿人耳熟能详的产品。

令人叹息的是，史玉柱却在狂热中犯下了一个错误——建造巨人大厦，这使他一夜之间负债累累。当然，这个突如其来的灾难并没有击垮这个铮铮铁骨的汉子。2004年11月，他又正式成立了上海征途网络科技有限公司。

2005年4月18日，史玉柱在上海金贸大厦突然宣布了巨人投资集团有限公司的新项目——网络游戏《征途》。他刚进入网络游戏市场时，并没有将国外游戏公司放在眼里，但2006年的一个展会彻底改变了他的看法。在上海的China Joy展会上，史玉柱看到国产网络游戏中很少有有气势的大作品，但国外的很多。而来年即将投放市场的大产品中，几乎全都是欧美的游戏，有的产品规模甚至超过了《魔兽》。

由此，史玉柱认为市场已经进入到非常明显的大制作时代了，国内多数网游公司尚处在小作坊阶段，所以，研发4000万元以下的产品已经无法形成气候了，这跟两三年前是大不一样的。

得知史玉柱要走网络游戏研发的道路后，已成对手的陈天桥仍旧通过段永基多次向他转达自己的建议，有一条是这样说的：研发之路多陷阱。这个提醒并没有阻止史玉柱，但提高了他研发的谨慎态度。

为了有效应对跨国巨头的挑战，征途网目前正在研发第二款游戏，起名为《巨人》。根据史玉柱的介绍，他将为这款游戏投入上亿元的开发成本。

史玉柱身兼多职，在主持研发大型网络游戏的同时，也在为脑白金和五粮液黄金酒忙碌着。他的成功告诉我们，置之死地而后生的自强不息的气魄和胆识对创业者来说是多么的重要。

◎故事感悟

铮铮铁汉在于失败后的重新站起，不气馁、不怀疑，信心十足，朝着既定的目标迈进。可以容忍失败，但不可以退缩，这就是励志自强的精神。正是这种精神支撑着中华民族前进的步伐。

◎史海撷英

安徽怀远县沿革

怀远县地处安徽省中北部,淮河畔。东靠蚌埠市区和固镇县,东南与凤阳县为邻,西接蒙城、凤台县,南倚淮南市,北与濉溪、宿州市毗邻。

宋时,置怀远军,宋保佑四年(1257年)置怀远县,沿用至今。现隶属蚌埠市。

◎文苑拾萃

东山再起

成语"东山再起"出自《晋书·谢安传》,意思是指退隐后再度出任要职,也比喻失势后重新恢复地位。

383年8月,苻坚亲自率领87万大军从长安出发。一个月后,苻坚主力到达项城(在今河南沈丘南),益州的水军沿江东下,黄河北边来的人马也进到了彭城(今江苏涂州市),前秦军队在从东向西一万多里的战线上水陆并进,逼近江南。

消息传到了建康,晋孝武帝和京城的文武百官都慌了,晋朝军民都不希望江南陷落在前秦手里,大家都期盼着宰相谢安能拿出好主意。

谢安是陈郡阳夏(今河南太康)人,出身士族,以前曾是王羲之的好友,两人经常在会稽东山游山玩水,吟诗谈文。当时谢安在士大夫阶层中很有名望,大家都认为他很有才干。但是他宁愿隐居东山,不愿为官。有人推举他当官后,仅上任一个月就不干了。

那时,在士大夫中流传着这样一句话:"谢安不出来做官,叫百姓如何是好啊?"

等到40多岁时,谢安才重新出来当官。由于他曾长期隐居在东山,所以后来人们就把他重新出来做官这样的事称为"东山再起"。

矢志不移的菌草技术特派员

◎为志向而活着才有价值。——格言

黄国勇，福建省人，福建农林大学菌草技术扶贫工作队的队长，菌草研究所副所长和高级农艺师。

黄国勇是福建农林大学菌草技术扶贫工作队的队长，同时也是这个大学菌草研究所的副所长和高级农艺师。

1997年，黄国勇被派到国外从事菌草技术的推广，回国后又被派到四川帮助省扶贫基金会筹建菌草技术开发研究中心。为了打开宁夏菌草技术大面积推广的局面，黄国勇被领导选派担任驻宁工作队队长。他欣然领命，并决心要把这项工作做到最好。

2000年春节后，他就率队来到了宁夏，开始人生最艰难、也最辉煌的创业。七年风雨，七年奔波，七年操劳，七年血汗，宁夏菌草扶贫产业终于从无到有、从小到大逐步发展了起来。而这时，黄国勇这个文静的南方学者也变得像北方汉子那样黝黑了。

为了促进宁夏菌草产业稳步健康地发展，林教授和黄国勇在刚开始时就采取了保护价等调控稳定价格的措施，以免让菇农蒙受损失。

随着外销规模不断扩大，外销工作也势在必行。于是，黄国勇在落实银川市场的固定客商后，就赶紧和助手一起赶赴北京、包头、兰州、西宁、西安、洛阳，认真对周边市场的销售潜力进行了调查，结交了一些客商朋友。紧接着他又赶到了上海，因为他深知这里是一片大好市场，一定要把它拿下来。

一到上海，他们就到处打听蔬菜批发市场，结果找到了一个比较大型的，他们就在附近的一个小旅馆住了下来，半夜起床去看早市的交易情况。

当他们看到市场上批发的蘑菇质量不如自己的、价格也很高时，心里就有了底，于是立即找到批发商谈合作之事。

第一次听说西北的戈壁滩长出蘑菇的上海大商人，对这个千里迢迢来抢"上海滩"的黄国勇很是不敢相信。黄国勇就拿出带来的样品，请批发商鉴定，还滔滔不绝地介绍这种"菌草蘑菇"的绿色性质和扶贫意义。经验丰富的批发商当然很快就肯定了黄国勇的蘑菇，并有了合作意愿，达成了口头代销协议。

但回到宁夏后，问题又来了。很多人不主张发货，怕上当受骗。但黄国勇不这么认为，他了解那个上海客商，人家是做大生意的，不会骗取区区的扶贫货款。

最后，黄国勇为了给大家吃下定心丸，他立下誓言——如果货物被骗，自己甘愿赔偿。他给上海客商打了电话后，就把第一批蘑菇托民航班机运到了上海。

没几天，对方打来电话，要求发第二批货。这时又有人担心地劝说道："上海客商还没把第一批货款寄来，不能发第二批货。"

黄国勇耐心地给队友们解释说："在当今生意场上，如果太缺少信任、信用或信誉，是做不成大事的，我相信对方不会骗人，继续发货没问题。"

果然，上海客商很感谢黄国勇对自己的信任，很快就电汇了两批货款，促使闽宁村在很短时间内就连续向上海运去了近60吨蘑菇，创下了40万元左右的产值。高峰的时候，银川到上海的飞机货舱内装的全都是宁夏蘑菇，连机场的工作人员都连连赞叹："这真是宁夏的骄傲啊！"

宁夏的菌草蘑菇，打出了天然营养、绿色无污染的品牌，填补了江南6月至10月不产蘑菇的空白，很快就打开了外省市的销路，也打出了宁夏鲜菇的知名度，将福建、上海、北京、广州、深圳、成都、重庆、兰州、西安等远方客商都吸引了过来。为此，订单也像雪片般飞来。

长期以来，黄国勇一直把宁夏的菌草事业当成自己的事业一样来经营，将菇农看做自己的亲人，在宁夏最贫困的地区工作着，生活着。为了使菌草技术本土化，他积极开展了"宁夏菌草生产季节安排研究"、"宁夏菌草生产菇棚结构的研究"、"宁夏菌草菇营养成分分析"、"宁夏菌草循环经济模式研究"等科研项目，成就显著。

与此同时，他还根据宁夏的气候、资源等实际状况，编写了适合在我国西北应用的《菌草蘑菇栽培技术》著作，并主编了《宁夏菌草生产技术操作规程》。

一晃七年过去了，黄国勇带着福建援宁菌草技术特派工作队，在远离家乡和亲人的大西北，以高度的事业心和责任感，帮助当地发展了经济，使群众得以脱贫致富。他们不但给宁夏带去了先进的技术和管理，还带去了优良的工作作风，也带去了创新的思想观念和锐意进取的精神，对宁夏干部群众思想的解放起到了有力的促进作用，使当地的社会经济呈现出了更加强劲的发展势头。

◎故事感悟

成功的花朵在不断地拼搏奋进中绽放。黄国勇认准一个目标，矢志不移地进行了不懈的努力，终于为西北百姓叩开了一扇蘑菇种植销售的致富路之门。成功没有捷径，黄国勇便是我们的榜样，值得我们学习。

◎史海撷英

中国扶贫基金会

中国扶贫基金会成立于1989年3月，是一个专门从事扶贫工作的全国性非政府组织。它把搭建社会贫富互动平台、传递慈善爱心、促进社会和谐发展当做自己的责任，以励精图治、实事求是的精神，致力于动员社会参与、创新扶贫方式、

推动政府制定公益政策、促进公民社会发育、谋求实现社会的平等、公正和共同富裕。

该基金会目前已经组织和实施了多项大型系列公益活动，如"扶贫中国行——走进千村万户，共建和谐社会"、"中国消除贫困奖评选表彰活动"等。另外还有"母婴平安120项目"、"小额信贷项目"、"新长城——特困大学生自强项目"、"紧急救援项目"、"天使工程"及综合项目。

中国扶贫基金会北京总部的人员现在已经达到了80名，在全国的分支和下属机构也有26个。他们长期从事扶贫或非政府组织和农村发展工作，他们的专业涉及经济、农业、金融、工商管理和社区发展等多个领域。